校企合作大数据与会计专业精品教材

财务报表分析

主编　钱　军　秦　温　林映鹏

内容提要

本书根据时代特点和企业岗位需求，全面系统地介绍了财务报表分析的基础知识与实践应用。本书共分 8 个项目，内容涵盖财务报表分析认知、资产负债表分析、利润表分析、现金流量表分析、企业偿债能力分析、企业盈利能力分析、企业营运能力和发展能力分析、财务报表综合分析。

本书采用活页式、工单式的编写理念，理实一体，内容翔实，知识新颖，贴近岗位需求，可作为高职院校财经商贸类相关专业的教材，也可供广大财务从业人员、公司管理人员参考使用。

图书在版编目（CIP）数据

财务报表分析 / 钱军，秦温，林映鹏主编. -- 上海：上海交通大学出版社，2023.7（2024.5 重印）
ISBN 978-7-313-28879-0

Ⅰ. ①财… Ⅱ. ①钱… ②秦… ③林… Ⅲ. ①会计报表－会计分析－高等职业教育－教材 Ⅳ. ①F231.5

中国国家版本馆 CIP 数据核字(2023)第 110034 号

财务报表分析
CAIWU BAOBIAO FENXI

主　　编：钱　军　秦　温　林映鹏
出版发行：上海交通大学出版社
地　　址：上海市番禺路 951 号
邮政编码：200030
电　　话：021-64071208
印　　制：北京谊兴印刷有限公司
经　　销：全国新华书店
开　　本：787 mm×1092 mm　1/16
印　　张：17.25
字　　数：399 千字
版　　次：2023 年 7 月第 1 版
印　　次：2024 年 5 月第 2 次印刷
书　　号：ISBN　978-7-313-28879-0
定　　价：59.80 元

PREFACE 前言

随着社会的不断进步和经济全球化的发展，会计这门公认的“商业语言”更是体现出它的强大功能。作为“商业语言”的载体——财务报表，全面、系统、综合地记录着企业经济业务发生的轨迹，因而投资者、债权人、经营管理者等利益相关者都十分关注对它的分析。

然而，企业财务报表数据所反映的内容通常是高度概括、抽象的，且很多数据必须借助专门的分析方法、相互关联地进行分析，才能获取与决策相关的实质性信息。因此，市场亟需财务报表分析人才，以便在财务报表和财务决策间搭建一座“桥梁”。而财务报表分析课程能够帮助学生正确运用科学的分析方法对财务报表进行解读，掌握透过数字客观评价一个企业的财务状况、经营成果和现金流量的技能，为后续深入学习及无缝对接职场打下良好基础。

为了满足学校对高质量财务报表分析教材的迫切需求，编者广泛听取了专家的建议，并结合职业教育特点和职教改革要求，精心策划和编写了本书。

整体而言，本书具有以下特点。

1 春风化雨，立德树人

党的二十大报告指出：“育人的根本在于立德。”本书有机融入党的二十大精神，积极践行“立德树人”的教育理念，以培养学生正确的世界观、人生观和价值观为己任，设置了“素养之窗”特色模块，传承中华优秀传统文化，弘扬科技强国、创新发展、工匠精神、职业素养、绿色低碳环保等主旋律，厚植爱国主义情怀，使学生专业知识、实践能力和综合素养同步提升，以期对学生起到“润物细无声”的教育效果。

2 校企合作，职业引领

本书结合企业对财务报表分析相关人才的实际要求，通过任务实施及项目实训将知识重心落在职业需求和岗位的实际应用上，从而培养学生的科学思维方式、创新能力和职业素养，帮助学生实现从校园到企业的平稳过渡和从职业水平到岗位要求的无缝对接。

3 活页理念，工单驱动

本书采用活页式、工单式理念进行编写，提倡“工单制”教学模式，以“任务工单”为载体贯穿整个教学过程，实现当下提倡的翻转课堂的教学模式。本书真正做到以学生为中心，任务实施难度适宜，从而增强学生的自信心和主动性。以微课引导学生预习，在激发学生学习兴趣的同时，引导学生“在做中学，在学中做”，以达到提高教师教学质量和学生学习效果的目的。

本书遵循“必需、够用、兼顾发展”的原则，根据高职院校的学生特点构建知识体系，内容既系统全面，又精简实用。同时，本书紧跟时代，在解读最新的会计法律法规政策的基础上进行编写，内容具有较强的前瞻性。

此外，本书根据需要安排了多种非常有特色的小栏目，包括“提示”“知识拓展”“课堂讨论”等，这些小栏目不仅能加强学生对知识点的理解，丰富学生的知识面，还能丰富教师的教学手段，活跃课堂气氛。

4 数字资源，丰富多彩

本书配有丰富的数字资源，学生可以借助手机或其他移动设备扫描二维码观看相关内容的微课视频，以便更好地理解和掌握本书内容。此外，本书还配有课件、教案、素材与实例、习题答案等配套教学资源，学生可以登录文旌综合教育平台“文旌课堂”（www.wenjingketang.com）查看和下载。如果学生在学习过程中有什么疑问，也可登录该网站寻求帮助。

此外，本书还提供了在线题库，支持“教学作业，一键发布”，教师只需通过微信或“文旌课堂”App 扫描扉页二维码，即可迅速选题、一键发布、智能批改，查看学生的作业分析报告，提高教学效率，提升教学体验。学生可在线完成作业，并巩固所学知识，提高学习效率。

本书由钱军、秦温、林映鹏担任主编，刘雅晴、刘莹、韩怡、徐欢担任副主编。

本书在编写过程中，参考了大量的资料并引用了部分文章和图片等。这些引用的资料大部分已获原作者授权，但由于部分资料来自网络，我们未能确认出处，也暂时无法联系到原作者。对此，我们深表歉意，并欢迎原作者随时与我们联系，我们将按规定支付酬劳。

由于编者水平有限，书中存在的不妥之处，恳请各位读者批评指正。

CONTENTS 目录

项目一 财务报表分析认知 …… 1

任务一 认识财务报表分析 / 2
任务导入 / 2
任务工单 / 3
一、什么是财务报表分析 / 5
二、财务报表分析的主体及目的 / 5
三、财务报表分析的内容 / 8
四、财务报表分析的程序 / 9
五、财务报表分析的局限性 / 10
任务拓展 下载上市公司年报并以投资者的角色进行分析 / 12

任务二 掌握财务报表分析方法 / 15
任务导入 / 15
任务工单 / 17
一、比较分析法 / 19
二、趋势分析法 / 22
三、比率分析法 / 23
四、因素分析法 / 24
任务拓展 分析乙公司净利润的变化趋势 / 27

项目实训 / 29
项目考核 / 30

项目二 资产负债表分析 …… 33

任务一 编制并分析资产负债表的水平分析表 / 34
任务导入 / 34
任务工单 / 35
一、资产负债表水平分析的目的 / 39
二、资产负债表水平分析表的编制 / 39
三、资产负债表水平分析表的分析评价 / 39
任务拓展 编制并分析乙公司资产负债表水平分析表 / 40

任务二 编制并分析资产负债表的垂直分析表 / 44
任务导入 / 44
任务工单 / 45
一、资产负债表垂直分析的目的 / 49
二、资产负债表垂直分析表的编制 / 49
三、资产负债表垂直分析表的分析评价 / 49
任务拓展 编制并分析乙公司资产负债表垂直分析表 / 53

任务三　分析资产负债表的质量 / 57

任务导入 / 57

任务工单 / 59

一、资产负债表质量分析的目的 / 63

二、资产项目质量分析 / 63

三、资本项目质量分析 / 71

任务拓展　分析乙公司应收账款的质量 / 72

项目实训 / 75

项目考核 / 76

项目三　利润表分析 …… 79

任务一　编制并分析利润表的水平分析表 / 80

任务导入 / 80

任务工单 / 81

一、利润表水平分析的目的 / 85

二、利润表水平分析表的编制 / 85

三、利润表水平分析表的分析评价 / 85

任务拓展　编制并分析乙公司利润表水平分析表 / 86

任务二　编制并分析利润表的垂直分析表 / 89

任务导入 / 89

任务工单 / 91

一、利润表垂直分析的目的 / 95

二、利润表垂直分析表的编制 / 95

三、利润表垂直分析表的分析评价 / 95

任务拓展　编制并分析乙公司利润表垂直分析表 / 95

任务三　分析利润表的质量 / 98

任务导入 / 98

任务工单 / 99

一、收入质量分析 / 103

二、成本费用质量分析 / 104

三、利润质量分析 / 106

任务拓展　分析乙公司利润表的质量 / 107

项目实训 / 111

项目考核 / 112

项目四　现金流量表分析 …… 115

任务一　编制并分析现金流量表的水平分析表 / 116

任务导入 / 116

任务工单 / 117

一、现金流量表水平分析的目的 / 121

二、现金流量表水平分析表的编制 / 121

三、现金流量表水平分析表的分析评价 / 121

任务拓展　编制并分析乙公司现金流量表水平分析表 / 123

任务二　编制并分析现金流量表的垂直分析表 / 126

任务导入 / 126

任务工单 / 127

一、现金流量表垂直分析的目的 / 131

二、现金流入结构分析表的编制与分析评价 / 131
三、现金流出结构分析表的编制与分析评价 / 131
四、现金流量净额结构分析表的编制与分析评价 / 132
任务拓展 编制并分析乙公司现金流出结构分析表 / 132
任务三 分析现金流量表的质量 / 134
任务导入 / 134
任务工单 / 135
一、经营活动现金流量的质量分析 / 139
二、投资活动现金流量的质量分析 / 140
三、筹资活动现金流量的质量分析 / 141
任务拓展 分析乙公司经营活动现金流量的质量 / 142
项目实训 / 147
项目考核 / 148

项目五 企业偿债能力分析 ······ 151

任务一 分析企业短期偿债能力 / 152
任务导入 / 152
任务工单 / 153
一、影响短期偿债能力的因素 / 157
二、短期偿债能力分析 / 158
任务拓展 分析乙公司的短期偿债能力 / 162
任务二 分析企业长期偿债能力 / 164
任务导入 / 164
任务工单 / 165
一、影响长期偿债能力的因素 / 169
二、长期偿债能力分析 / 169
任务拓展 分析乙公司的长期偿债能力 / 174
项目实训 / 177
项目考核 / 178

项目六 企业盈利能力分析 ······ 181

任务一 分析一般企业盈利能力 / 182
任务导入 / 182
任务工单 / 183
一、营业盈利能力分析 / 187
二、资产盈利能力分析 / 189
三、资本盈利能力分析 / 191
任务拓展 分析丁公司营业盈利能力 / 192
任务二 分析上市公司盈利能力 / 195
任务导入 / 195
任务工单 / 197
一、每股收益 / 201
二、每股股利 / 203

三、市盈率 / 204
任务拓展　分析乙上市公司盈利能力 / 205
项目实训 / 207
项目考核 / 209

项目七　企业营运能力和发展能力分析 …… 211

任务一　分析企业营运能力 / 212
任务导入 / 212
任务工单 / 213
一、流动资产的营运能力分析 / 217
二、固定资产的营运能力分析 / 220
三、总资产的营运能力分析 / 221
任务拓展　分析乙公司营运能力 / 222

任务二　分析企业发展能力 / 225
任务导入 / 225
任务工单 / 227
一、营业增长能力分析 / 231
二、资产增长能力分析 / 231
三、资本增长能力分析 / 233
任务拓展　分析乙公司发展能力 / 234
项目实训 / 237
项目考核 / 238

项目八　财务报表综合分析 …… 241

任务一　了解杜邦分析法 / 242
任务导入 / 242
任务工单 / 243
一、什么是杜邦分析法 / 247
二、杜邦分析法的内容 / 247
三、杜邦分析法的局限性 / 249
任务拓展　应用杜邦分析法对乙公司进行综合分析 / 250

任务二　了解沃尔评分法 / 252
任务导入 / 252
任务工单 / 253
一、什么是沃尔评分法 / 257
二、沃尔评分法的步骤 / 257
任务拓展　应用沃尔评分法对乙公司进行综合分析 / 260
项目实训 / 263
项目考核 / 264

参考文献 …… 267

项目一 财务报表分析认知

项目导读

财务报表能全面反映企业的财务状况、经营成果和现金流量的情况。分析财务报表，可以评价企业发展现状和趋势，可以评价企业的投资价值，可以评价经营管理者的管理水平。企业利益相关者需用财务的视野和思维去看待问题，运用各种财务分析方法分析财务数据背后的意义，要透过数据现象分析经营本质。

知识目标

- 了解财务报表分析的概念、主体及目的、内容、程序和局限性。
- 掌握财务报表分析方法。

技能目标

- 具有收集、整理和核实财务报表分析所需资料的能力。
- 具有运用各种财务报表分析方法进行财务报表分析的能力。

素养目标

- 树立诚信意识、提高职业素养。

任务一　认识财务报表分析

任务导入

小王是一名会计学专业的学生，为了更好地理解和检验自己所学的专业知识，利用业余时间到甲公司实习，从事管理会计的工作，积极投身专业实践，为自己的职业蓝图添砖加瓦，积累经验。

管理会计工作要求相关人员根据企业的发展情况提供企业发展的各个方面的信息，以便为企业经营管理者提供决策支持。小王了解这些信息后，觉得自己还需要加强学习，特别是需要提高企业财务报表分析的能力，从而为经营管理者提供企业财务状况、经营成果和现金流量等方面的信息，并有针对性地预测企业资产、成本、利润及现金流量等的未来发展趋势，确保企业经营管理决策的可靠性与正确性。因此，小王积极学习财务报表分析的相关知识，希望能在专业实践中胜任相关工作。

本任务的知识和技能要求如表 1-1 所示。

表 1-1　知识和技能要求

类　型	具体内容	学习程度		
		了解	理解	应用
知识要求	财务报表分析的概念	●		
	财务报表分析的主体及目的		●	
	财务报表分析的内容	●		
	财务报表分析的程序			●
	财务报表分析的局限性	●		
技能要求	收集财务报表分析所需的资料，并分角色感悟不同主体进行财务报表分析的目的和内容			●

班级＿＿＿＿＿＿　　姓名＿＿＿＿＿＿　　学号＿＿＿＿＿＿

任务工单

（一）任务描述

分角色扮演企业的各种利益相关者，收集财务报表分析所需的资料，并阐述所选角色进行财务报表分析的目的及分析的主要内容。

（二）任务分工

以 3～5 人为一组进行分组，每组设组长 1 名，小组讨论任务分工并将分工情况填写到表 1-2 中。

表 1-2　小组成员及分工情况

小组成员	姓　名	学　号	任务分工
组长			
组员			

（三）任务准备

在进入具体操作前，请各组长组织组员观看"财务报表分析基础知识"的预习视频，并收集和整理以下相关资料，进行讨论分析。

财务报表分析基础知识

（1）什么是财务报表？

（2）财务报表分析的主体有哪些？他们进行财务报表分析的目的分别是什么？

（3）财务报表分析的内容主要有哪些？

班级____________　　姓名____________　　学号____________

（四）任务实施

（1）以小组为单位，收集财务报表分析所需的资料（可登录新浪财经网站下载感兴趣的上市公司的年报，或以其他方式获取相关资料）。

（2）以小组为单位，在投资者、债权人、经营管理者、供应商、客户、企业内部职工等角色中任选一个角色，分角色扮演并讨论所选角色进行财务报表分析的目的及关注的主要内容，并将讨论结果填写到表 1-3 中。

表 1-3　财务报表分析的目的及关注的主要内容

选择的角色	分析目的	关注的主要内容

（五）任务评价

各组派代表展示任务实施成果，并配合指导老师完成表 1-4 所示的任务评价表。

表 1-4　任务评价表

评价项目	评价内容	评价分数			
		分值	自评	组评	师评
职业素养考核目标（40%）	考勤、仪容仪表	10 分			
	责任意识、纪律意识	10 分			
	团队合作与交流	20 分			
专业能力考核目标（60%）	任务准备过程记录及讨论的完成度	20 分			
	任务实施过程记录的完成度	20 分			
	任务实施成果的展示效果	20 分			
合计	综合分数______自评（25%）+组评（25%）+师评（50%）	100 分			
	综合等级______	指导老师签字__________			
综合评价					

一、什么是财务报表分析

一般认为，财务报表分析是以财务报表为主要依据，采用科学的评价标准和适当的分析方法，遵循规范的分析程序，对企业财务状况、经营成果和现金流量情况进行分析比较、评价和判断，并以此为依据预测企业未来发展前景的一项经济管理活动。

二、财务报表分析的主体及目的

财务报表分析的主体是财务信息使用者。一般而言，财务报表分析的主体包括投资者、债权人、经营管理者、政府监管部门、业务关联单位、社会中介机构、企业内部职工及其他与企业有利益关系的群体。

总体而言，财务报表分析主体进行财务报表分析的目的是通过财务报表提供的会计信息，揭示数字背后的信息，了解企业生产经营现状和未来发展趋势，以获取对自己有用的信息，从而作为其经济决策的依据。但是，不同的财务报表分析主体与企业的利益关系各不相同，他们的利益倾向存在明显差异，这就决定了他们对财务报表的分析目的各有侧重。

（一）投资者

投资者是指企业的权益投资人，是企业的所有者或股东，即企业收益的最终获得者和风险的最终承担者。因此，他们重点关注企业的盈利能力和风险水平。投资者分析财务报表的目的主要包括以下几点：① 评价企业的盈利能力和营运能力，关注企业的投资回报率；② 评价企业财务状况、经营成果和现金流量，关注企业的风险和报酬的关系；③ 评价企业长期发展的可能性，关注企业资本的保值增值能力。投资者分析财务报表的最终目的是做出合理的投资决策。

从股权结构来看，即便都是投资者，但是由于其持股比例和控股权的不同，其收益模式方面存在较大差异，他们进行财务报表分析的目的也各不相同，具体如表 1-5 所示。

表 1-5　不同投资者财务报表分析目的的比较

投资者类型	收益模式	财务报表分析目的
控股股东	长期投资收益	更注重企业的长期发展，强调企业的战略运行方向和经营决策的实施效果，关注企业的资产质量、资本结构质量、盈利质量和现金流量质量等方面的信息
中小股东	短期资本利得收益，包括股票买卖差价和持有期间的现金分红等	更注重企业的短期获利能力，关注企业的资产流动性、现金流量状况和股利分配政策等方面的信息

提 示

在现代企业制度所有权和经营权相分离的治理方式下，形成了委托—代理关系，投资者作为委托人需要分析企业的财务报表来评价经营管理者受托责任的履行情况。

（二）债权人

债权人是指向企业提供需要偿还的融资的机构和个人，包括向企业提供贷款的银行、金融机构及购买企业债券的单位和个人等。债权人出于对本金和利息安全性的考虑，他们会重点关注企业的偿债能力和信用状况。

根据偿还期限的不同，债权人分为短期债权人和长期债权人。通常偿还期越长，债权人承担的风险越大，因此，短期债权人和长期债权人分析财务报表的目的也有所不同：短期债权人更注重企业的短期偿债能力，关注企业资产流动性和现金流量状况；长期债权人则更注重企业的长期偿债能力，关注企业财务状况质量和盈利质量。

综上所述，债权人分析财务报表的目的主要包括以下两点：① 分析企业偿债能力的强弱，以确认其债权能否及时、足额收回；② 分析企业盈利能力与风险程度是否相匹配。债权人分析财务报表的最终目的是做出合理的信贷决策。

（三）经营管理者

经营管理者接受企业所有者的委托，对企业所从事的各项经济活动及其财务状况和经营成果进行有效的管理与控制，以实现企业长短期的经营目标。经营管理者作为企业财务报表信息的内部使用者，拥有更加充分的内部信息。他们分析财务报表时主要关注以下几点：① 企业的盈利能力，这将直接关系到其自身的经营绩效；② 企业的财务状况及营运能力，如资本结构、资源配置是否合理；③ 企业未来发展能力，如管理的质量和效率如何、发展趋势和前景如何等。

综上所述，企业经营管理者分析财务报表的目的是及时发现生产经营中存在的问题，并采取有效的对策，以便实现科学的决策，保证企业的可持续发展。

（四）政府监管部门

政府监管部门主要包括市场监管部门、财政部门、税务部门及证券监管部门等。政府监管部门分析企业财务报表主要是为了履行自己的监督管理职责。

（五）业务关联单位

业务关联单位主要指企业供应商和客户等。供应商和客户出于对自身利益的保护，需要了解往来企业的财务状况、经营情况和发展能力，从而决定是否与其建立长期合作关系。

此外，供应商在向企业出售货物或劳务后，与企业建立商业信用关系，成为企业的商业债权人，他们会注重分析企业的商业信用和短期偿债能力。客户则关注企业提供货源的稳定性和质量，注重分析企业的商业信誉和营运能力。

（六）社会中介机构

社会中介机构主要包括会计师事务所、资产评估事务所、律师事务所及咨询公司等。他们以独立第三方的身份为企业提供各种服务，也是财务报表信息的使用者。其中，会计师事务所与财务报表分析的关系最为密切。注册会计师对企业进行审计，发表审计意见时，需要对企业财务报表进行分析，作为审计依据。财务报表使用者可以根据外部审计报告的意见类型，来判断财务报表整体的真实性和合规性，进而决定在财务报表分析中对财务报表的依赖程度。

知识拓展

财务报表审计意见的类型

注册会计师在评价根据审计证据得出的结论的基础上，对财务报表形成以下审计意见。

（1）如果认为财务报表在所有重大方面按照适用的财务报告编制基础的规定编制并实现公允反映，注册会计师应当发表无保留意见。

（2）当存在下列情形之一时，注册会计师应当按照《中国注册会计师审计准则第 1502 号——在审计报告中发表非无保留意见》的规定，在审计报告中发表非无保留意见：① 根据获取的审计证据，得出财务报表整体存在重大错报的结论；② 无法获取充分、适当的审计证据，不能得出财务报表整体不存在重大错报的结论。

非无保留意见包括保留意见、否定意见和无法表示意见三种类型。

（3）如果财务报表没有实现公允反映，注册会计师应当就该事项与管理层讨论，并根据适用的财务报告编制基础的规定和该事项得到解决的情况，决定是否有必要按照《中国注册会计师审计准则第 1502 号——在审计报告中发表非无保留意见》的规定在审计报告中发表非无保留意见。

（七）企业内部职工

企业内部职工是企业直接利益相关者。企业的现在和将来、生存和发展都直接影响着职工的切身利益，因此，职工必然关心企业的发展情况。职工最注重企业为他们提供的就业机会及其稳定性、劳动报酬和职工福利等方面信息，因此，他们会关注企业的盈利能力、偿债能力、营运能力和发展能力。职工分析财务报表的最终目的是做出合理的就业决策。

课堂讨论

财务报表是企业向外传递会计信息的主要途径，财务报表中是否包括了财务报表分析主体所需的全部信息？不同的财务报表分析主体，他们分析财务报表的目的是否相同？相同的财务报表分析主体，他们分析财务报表的目的是否相同？

三、财务报表分析的内容

虽然不同的财务报表分析主体在分析财务报表时的侧重点不同，但综合而言，财务报表分析的内容主要包括以下几个方面。

（一）盈利能力分析

盈利能力又称获利能力，是指企业为资金提供者创造利润的能力。盈利能力的大小表明企业经营业绩和发展前景的好坏，因此，盈利能力分析是企业经营管理者和投资者财务报表分析的重点。

（二）偿债能力分析

偿债能力是指企业偿还到期债务的能力。如果企业不能按时偿还到期债务，那么企业的生产经营就会陷入困境，以致危及企业的生存。因此，偿债能力分析对于企业的投资者、债权人、经营管理者来说都至关重要。

（三）营运能力分析

营运能力是指企业使用资产支撑经营活动的效率。效率越高，意味着企业支撑同样规模的经营活动使用的资产越少，或是同样的资产可以支撑更大规模的销售。此外，资产管理水平直接影响企业的盈利能力与偿债能力。通过分析企业的营运能力，分析人员可以对企业资产的配置、利用水平及周转速度等方面做出全面的分析评价，并预测其对企业长远发展的影响程度。

（四）发展能力分析

发展能力又称成长能力，是企业通过自身的生产经营活动，不断扩大积累而形成的发展潜能。企业的发展能力几乎是各种利益相关者均关注的分析内容。通过分析企业发展能力，分析人员对企业未来的发展潜力做出合理预测和客观评价，并为其决策提供支持。

（五）现金流量分析

现金流量是企业财务状况和营运能力重要的判断指标，也是企业价值判断的重要依据。企业现金流量的质量好坏关乎企业成败。通过分析企业现金流量，分析人员可以了解

企业在一定会计期间内现金流入、现金流出及现金净流量的相关信息，有效地评价企业获取现金的能力，并据以预测企业未来现金流量的变动，进而从现金流量的角度来评价企业的财务状况、偿债能力和企业价值。

（六）成本费用分析

在同样的市场价格条件下，如果能降低成本，减少费用，企业就能获取较高的利润，从而在市场竞争中处于有利的地位。成本费用报表属于企业内部报表，其分析是企业经营管理者财务报表分析的重要内容。通过分析企业成本费用，经营管理者可以了解企业在一定会计期间内成本费用的耗费情况，找出成本费用增减变动的原因，并据以达到控制成本费用、提高企业利润的目的。

（七）收入、利润和利润分配分析

收入和利润水平的高低，表明企业经营管理水平的好坏和企业盈利能力的大小，也预示企业未来发展前景的好坏。而利润分配政策则直接关系到企业未来的发展能力和承担风险的能力，这些都是企业经营管理者和投资者进行财务报表分析的重要内容。

四、财务报表分析的程序

财务报表分析是一个复杂的过程，建立规范、合理的分析程序，对于保证财务报表分析工作顺利进行、提高财务报表分析质量具有重要意义。财务报表分析的程序是进行财务报表分析的行为路径，不同的财务报表分析主体可根据分析目的进行个别设计，没有唯一的通用标准。但分析过程的步骤存在一定的共性，主要包括以下几点。

（一）明确分析目的，确定分析工作方案

明确分析目的是财务报表分析的核心，只有明确财务报表分析目的，才能做到有的放矢，根据分析目的确定分析的内容、范围和侧重点，分清主次和难易，并据此制订合理的分析工作方案。分析工作方案应当包括分析目的、分析内容、拟采用的分析方法、分析人员的分工和职责、分析的步骤和完成各步骤的标准及时间等。只有制订详细周密的分析工作方案，才能确保分析工作的顺利进行。

（二）收集、整理和核实财务报表分析所需的资料

财务报表分析所需的资料是财务报表分析工作的基础，应当根据制订的分析工作方案及时、完整地加以收集。资料收集完毕后，应根据分析目的和分析人员分工，将资料进行分类，并做好登记保管工作。为了保证资料的准确性，应当安排专人负责甄别资料的质量，如果发现资料不正确或不可比，应当要求更改、剔除或者调整。

知识拓展

获取财务报表分析所需信息资料的途径

分析人员可以通过财经媒体网站（如上海证券交易所、深圳证券交易所、新浪财经、同花顺财经、巨潮资讯、网易财经等）、经济与金融研究数据库（如 CSMAR 数据库、锐思数据库等）、中介机构（如投资银行研究部、基金公司研究部、金融投资服务咨询公司、信用评级机构等）提供的分析报告等途径获取财务报表分析所需的信息资料。

（三）构建财务指标体系，确定分析评价标准

客观准确的财务报表分析结论应建立在定性、定量和比较分析的基础上，所以构建财务指标体系、确定合理的分析评价标准就显得非常重要。在进行财务报表分析时，分析人员应根据不同的分析目的，结合分析对象的实际情况，合理进行财务指标、评价标准和比较基期的选择。

（四）选择恰当的分析方法，进行分析计算

财务报表分析方法有多种，每种分析方法都有各自的适用情况。分析人员应依据分析目的和可能得到的分析资料进行分析方法的比较，选择恰当的分析方法，根据构建的指标体系，进行指标计算，通过层层分解和辨析，结合专项分析和综合分析以得出客观、全面的分析结论。

（五）撰写财务报表分析报告

财务报表分析结束后，应当将分析过程中得到的结论进行归纳整理，形成财务报表分析报告。财务报表分析报告是反映企业财务状况和财务成果意见的报告性书面文件，不仅可以作为对财务报表分析工作的总结，还可以作为历史信息，供以后的财务报表分析参考，保证财务报表分析的连续性。

财务报表分析报告应当包括分析目的、分析内容、分析的方法和步骤、分析依据、分析意见和建议等内容，同时做到内容全面、评价客观、结论准确，以帮助分析主体做出正确的决策。此外，若财务报表分析报告能够进一步分析数据信息背后的经济意义并做出预测，则更具有价值。

五、财务报表分析的局限性

（一）财务报表本身的局限性

由于受会计政策和企业会计战略的影响，财务报表本身存在着局限性，主要表现为：

① 财务报表信息反映的仅是能用货币计量的经济资源，并未完全反映企业可以利用的全部经济资源，如人力资源、未申请专利的专有技术等；② 受历史成本计量属性和币值不变假设的制约，财务数据不代表其现行成本或变现价值、未按物价水平或通货膨胀率调整，对现在和未来经济决策的参考价值在一定程度上受到限制；③ 会计政策运用上的差异，导致横向和纵向比较分析的过程中，缺乏可比性；④ 企业对会计信息的人为操纵，可能会误导财务报告使用者做出错误的决策。

（二）比较标准的局限性

由于比较标准各自的局限性，以及环境的变化、企业自身的差异等复杂因素的影响，给财务报表分析带来了难度。例如，实际与计划的差异分析以预期目标作为比较标准，而实际情况与预期目标出现差异，可能是执行中出现了问题，也可能是比较标准不合理造成的，两者的区分并非易事。因此，应准确理解比较标准，并且在分析问题时结合实际合理应用，避免分析结论的简单化和绝对化。

（三）分析方法的局限性

可比性是进行财务报表分析的前提，各种分析方法运用的有效性都是以各种条件不变或具有可比性为前提假设的，一旦这些前提条件发生变化或者已经不再具备，财务报表分析的结果就会与实际相背离，而这种变化是客观存在的。

知识拓展

财务报表分析应注意的问题

（1）应分析公司的完整年报及相关的其他信息（如政治制度、经济政策、社会环境、管理文化等）。

（2）应充分考虑物价变动、时间价值的影响，适当地将通货膨胀率、资金时间价值纳入分析过程。

（3）应尽可能去异求同，以增强指标的可比性。例如，分析中将某些特殊的、个别事件和因素剔除；选择同行业、同等规模、具有代表性的企业进行横向比较等。

（4）不能机械地遵循所谓的标准，而要善于对各种异常现象进行深入剖析。

（5）注意各种指标的综合运用，将各项指标综合权衡，并结合社会经济环境及企业具体经营目标进行系统分析。例如，定量分析与定性分析相结合，趋势分析与比率分析相结合，横向分析与纵向分析相结合，这样才能取长补短，发挥财务报表分析的总体功能效应。

任务拓展 下载上市公司年报并以投资者的角色进行分析

（一）下载上市公司年报

步骤 1 在浏览器中访问新浪财经官网（https://finance.sina.com.cn），如图 1-1 所示。

图 1-1 新浪财经官网

步骤 2 在首页的导航栏中选择“股票”选项，在跳转的页面中选择“公告”选项，跳转至“公司公告”页面，如图 1-2 所示。

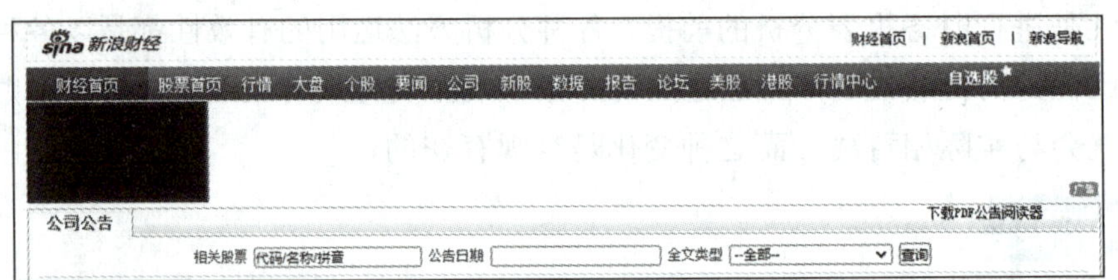

图 1-2 “公司公告”页面

步骤 3 在“相关股票”右侧文本框中输入想要下载的上市公司的股票代码/名称/拼音（选择其一即可），例如，此处输入“海尔智家”，在弹出的列表中，选择“海尔智家”选项，其代码会自动输入到文本框中，然后在“全文类型”下拉列表中，选择“年度报告”选项，最后单击“查询”按钮，查询结果如图 1-3 所示。

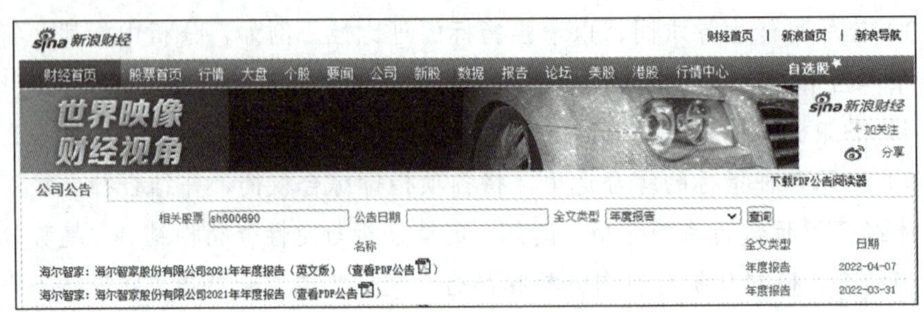

图 1-3 查询结果页面

步骤 4 单击需要下载的年度报告对应的“查看 PDF 公告”超链接，页面跳转至需要

下载的对应上市公司年报的页面（见图 1-4），单击下载按钮，在弹出的“新建下载任务”对话框中，设置保存的名称和地址，单击“下载”按钮，即下载成功。

图 1-4　下载页面

步骤 5 打开下载好的年度报告（见本书配套素材“素材与实例”→“上市公司年报”→“海尔智家 2021 年年报.PDF”），查看目录（见图 1-5），了解年度报告包含的内容。其中财务报告包含对应的财务报表及附注的内容。

海尔智家股份有限公司 2021 年年度报告

目录

致股东的函件 4
第一节　释义 9
第二节　公司简介和主要财务指标 10
第三节　管理层讨论与分析 14
第四节　公司治理 44
第五节　环境与社会责任 70
第六节　重要事项 76
第七节　股份变动及股东情况 90
第八节　优先股相关情况 99
第九节　债券相关情况 100
第十节　财务报告 105

备查文件目录	（一）载有法定代表人、主管会计工作负责人、会计机构负责人签名并盖章的财务报表。
	（二）载有会计师事务所盖章、注册会计师签名并盖章的审计报告原件。
	（三）报告期内在中国证监会指定报纸上公开披露过的所有公司文件的正本及公告的原稿。

图 1-5　年度报告目录

提 示

可以不下载上市公司年报，直接下载财务报表，下载方法如下。

登录新浪财经官网首页，在“行情”右侧文本框中输入想要下载的上市公司的股票简称/代码/拼音（选择其一即可），例如，此处输入“海尔智家”，在弹出的列表中，选择“海尔智家（A 股）”选项，在跳转的“行情”页面中，向下拖动页面右侧的滚动条，在左侧的导航栏（见图 1-6）中，选择“公司公告”栏目下对应的“年报”选项，在跳转的“年度报告”页面中，再选择左侧的导航栏“财务数据”栏目下对应的“利润表”选项，在跳转的页面中，单击页面底部“下载全部历史数据到 excel 中”的超链接，在弹出的对话框中，单击“下载”按钮，即下载成功。

下载后调整数据格式，结果如图 1-7 所示。

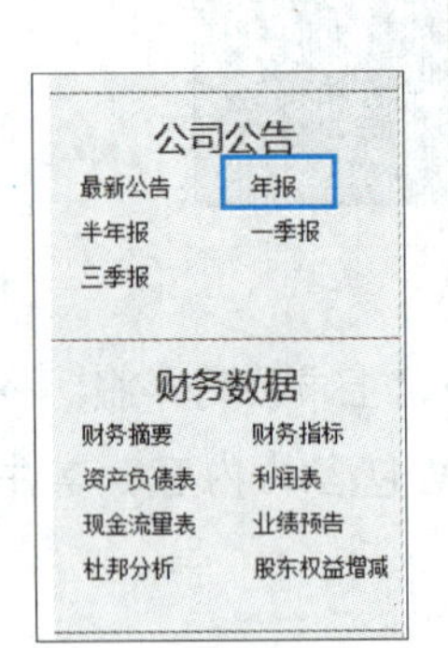

图 1-6 导航栏

	A	B	C	D	E	F	G
1	报表日期	20220930	20220630	20220331	20211231	20210930	20210630
2	单位	元	元	元	元	元	元
3	一、营业总收入	184 748 766 010.10	121 857 522 462.22	60 250 997 851.46	227 556 143 618.17	169 963 571 548.76	111 618 822 064.73
4	营业收入	184 748 766 010.10	121 857 522 462.22	60 250 997 851.46	227 556 143 618.17	169 963 571 548.76	111 618 822 064.73
5	二、营业总成本	171 059 935 566.06	112 549 408 749.25	56 398 614 588.02	213 331 476 543.09	159 343 921 456.82	104 209 419 477.98
6	营业成本	128 420 660 940.15	85 061 133 319.20	43 054 093 037.06	156 482 657 366.94	118 623 829 079.36	78 071 651 525.66
7	营业税金及附加	586 645 797.49	357 165 605.43	142 195 327.93	806 978 590.56	562 361 108.77	338 882 675.38
8	销售费用	27 495 171 353.69	17 605 612 224.80	8 395 799 080.78	36 553 667 004.06	26 098 146 035.41	16 730 914 492.75
9	管理费用	7 730 615 601.97	5 132 033 156.92	2 187 095 074.32	10 444 475 658.24	7 557 331 611.69	5 033 576 083.72
10	财务费用	-627 483 778.10	-202 227 082.17	137 440 044.17	686 364 977.04	297 965 085.25	295 660 086.07
11	研发费用	7 454 325 650.86	4 595 691 525.07	2 481 992 023.76	8 357 332 946.25	6 204 288 536.34	3 738 734 614.40
12	资产减值损失	0.00	0.00	0.00	0.00	0.00	0.00
13	公允价值变动收益	-272 599 270.19	-118 790 175.68	7 355 216.91	119 277 623.85	39 767 883.33	64 269 511.32
14	投资收益	1 510 411 067.36	1 170 336 743.41	514 977 547.90	2 403 102 640.29	1 664 671 227.93	1 136 683 667.22
15	其中：对联营企业和合营企业的投资收益	0.00	0.00	0.00	0.00	0.00	943 069 721.83
16	汇兑收益	0.00	0.00	0.00	0.00	0.00	0.00
17	三、营业利润	14 492 252 936.44	9 972 353 392.79	4 300 486 276.16	15 876 477 983.05	12 296 594 692.46	8 432 532 411.08
18	加：营业外收入	104 463 851.85	68 854 227.41	35 238 560.88	198 793 345.45	147 370 992.20	79 500 691.72
19	减：营业外支出	97 149 423.40	43 535 551.68	18 823 997.63	159 240 779.44	104 861 881.92	51 064 696.04
20	其中：非流动资产处置损失	0.00	0.00	0.00	0.00	0.00	0.00
21	四、利润总额	14 499 567 364.89	9 997 672 068.52	4 316 900 839.41	15 916 030 549.06	12 339 103 802.74	8 460 968 406.76
22	减：所得税费用	2 788 108 728.73	2 000 741 926.36	750 563 317.01	2 698 963 370.55	2 274 926 783.00	1 523 183 264.40
23	五、净利润	11 711 458 636.16	7 996 930 142.16	3 566 337 522.40	13 217 067 178.51	10 064 177 019.74	6 937 785 142.36
24	归属于母公司所有者的净利润	11 665 606 491.29	7 949 084 472.70	3 517 044 899.45	13 067 038 271.85	9 934 611 508.38	6 852 271 812.97
25	少数股东损益	45 852 144.87	47 845 669.46	49 292 622.95	150 028 906.66	129 565 511.36	85 513 329.39
26	六、每股收益						
27	基本每股收益(元/股)	1.25	0.85	0.38	1.41	1.07	0.74
28	稀释每股收益(元/股)	1.24	0.85	0.38	1.40	1.06	0.73
29	七、其他综合收益	4 664 174 077.37	2 864 992 299.95	-475 680 420.93	-148 110 004.96	768 015 269.00	-296 041 116.28
30	八、综合收益总额	16 375 632 713.53	10 861 922 442.11	3 090 657 101.47	13 068 957 173.55	10 832 192 288.74	6 641 744 026.08
31	归属于母公司所有者的综合收益总额	16 330 886 994.49	10 815 609 421.58	3 041 654 795.83	12 934 788 491.82	10 711 077 001.96	6 558 274 058.71
32	归属于少数股东的综合收益总额	44 745 719.04	46 313 020.53	49 002 305.64	134 168 681.73	121 115 286.78	83 469 967.37

图 1-7 下载结果

（二）以投资者的角色阐述财务报表分析目的及关注的主要内容

步骤 1 以小组为单位，小组成员以投资者的角色对财务报表进行分析。

步骤 2 将分析目的和关注的主要内容填写到表 1-6 中。

表 1-6 投资者进行财务报表分析的目的及关注的主要内容

分析目的	关注的主要内容
① 评价企业的盈利能力和营运能力；② 评价企业财务状况、经营成果和现金流量；③ 评价企业长期发展的可能性。最终目的是做出合理的投资决策	① 企业的投资回报率；② 企业的风险和报酬的关系；③ 企业资本的保值增值能力

步骤 3 以小组为单位，轮流上台阐述，最后由老师综合点评。

任务二　掌握财务报表分析方法

任务导入

财务报表分析方法是完成财务报表分析任务、实现财务报表分析目的的技术手段。由于财务报表分析目的不同，实务中，分析人员在进行财务报表分析时选择的分析方法也有所不同。常用的财务报表分析方法有比较分析法、趋势分析法、比率分析法和因素分析法等。分析人员想要全面地评价企业的财务状况、经营成果和现金流量，需具备灵活运用各种财务报表分析方法的能力。于是，小王认真学习各种财务报表分析方法，以提高自身的操作技能和职业素养。

本任务的知识和技能要求如表 1-7 所示。

表 1-7　知识和技能要求

类　型	具体内容	学习程度		
		了解	理解	应用
知识要求	比较分析法			●
	趋势分析法			●
	比率分析法			●
	因素分析法			●
技能要求	编制并分析甲公司净利润趋势分析表			●

班级____________ 姓名____________ 学号____________

任务工单

（一）任务描述

编制甲公司净利润趋势分析表，并对甲公司净利润变化情况进行趋势分析。

（二）任务分工

以 3～5 人为一组进行分组，每组设组长 1 名，小组讨论任务分工并将分工情况填写到表 1-8 中。

表 1-8 小组成员及分工情况

小组成员	姓 名	学 号	任务分工
组长			
组员			

（三）任务准备

在进入具体操作前，请各组长组织组员观看“趋势分析法的概念及表现形式”的预习视频，并收集和整理以下相关资料，进行讨论分析。

趋势分析法的概念及表现形式

（1）什么是趋势分析法？

（2）趋势分析法的表现形式有哪两种？

（四）任务实施

（1）下载甲公司利润表（见本书配套素材“素材与实例”→“甲公司”→“甲公司 2017—2021 年利润表.xlsx”)，把利润表中对应的 2017—2021 年净利润的数据填写到表 1-9 中。

班级__________ 姓名__________ 学号__________ 

表 1-9 甲公司 2017—2021 年净利润

单位：万元

项 目	2017 年度	2018 年度	2019 年度	2020 年度	2021 年度
净利润					

（2）计算甲公司净利润的定比指数（以 2017 年为基期）和环比指数，并填制甲公司 2017—2021 年净利润趋势分析表，如表 1-10 所示。

表 1-10 甲公司 2017—2021 年净利润趋势分析表

单位：%

项 目	2017 年度	2018 年度	2019 年度	2020 年度	2021 年度
定比指数					
环比指数					

（3）依据表 1-10 中的数据，简单分析甲公司净利润的趋势变化情况。

（五）任务评价

各组派代表展示任务实施成果，并配合指导老师完成表 1-11 所示的任务评价表。

表 1-11 任务评价表

评价项目	评价内容	评价分数			
		分值	自评	组评	师评
职业素养考核目标（40%）	考勤、仪容仪表	10 分			
	责任意识、纪律意识	10 分			
	团队合作与交流	20 分			
专业能力考核目标（60%）	任务准备过程记录及讨论的完成度	20 分			
	任务实施过程记录的完成度	20 分			
	任务实施成果的展示效果	20 分			
合计	综合分数______自评（25%）+组评（25%）+师评（50%）	100 分			
	综合等级______	指导老师签字__________			
综合评价					

一、比较分析法

比较分析法是财务报表分析中最常见、最基本的方法。它是指将实际的数据同特定的各种标准相比较，从数量上确定其差异，并进行差异分析或趋势分析的一种分析方法。

差异分为有利差异和不利差异两种。正指标（如营业收入、净利润等）大于零或反指标（如营业成本、管理费用等）小于零的差异为有利差异，反之为不利差异。

（一）比较的形式

比较分析法有绝对数比较和相对数比较两种形式。

1. 绝对数比较

绝对数比较，即利用财务报表中两个或两个以上的绝对数进行比较，以揭示其数量差异。例如，某公司 2022 年度净利润为 2 306 万元，2021 年度净利润为 1 825 万元，2022 年度较 2021 年度净利润增长了 481 万元（2 306−1 825=481 万元），该差异属于有利差异。

2. 相对数比较

相对数比较，即利用财务报表中有相关关系的数据的相对数进行对比，如将绝对数换算为百分比、结构比重、比率等进行比较，以揭示相对数之间的差异。例如，某公司 2022 年度营业成本占营业收入的百分比为 81.27%，2021 年度营业成本占营业收入的百分比为 75.59%，2022 年度较 2021 年度营业成本占营业收入的百分比提高了 5.68%（81.27%−75.59%=5.68%），该差异属于不利差异。

提　示

一般情况下，绝对数比较只能说明差异金额，而不能表明变动程度；而相对数比较则可进一步说明变动程度。在实际工作中，绝对数比较与相对数比较可交互应用，以便通过比较做出准确的判断和评价。

（二）比较的标准

比较分析法中，我们需要将实际数据与比较标准相对比，而采用的比较标准不同，得出差异的经济意义也不相同，即比较标准的选择直接影响分析结果。比较标准的类型及其含义、适用情况、优缺点如表 1-12 所示。

表 1-12　比较标准的类型及其含义、适用情况、优缺点

类　型	含　义	适用情况	优　点	缺　点
经验标准	是指各类企业在不同时期普遍适用的指标评价标准	—	可以了解企业实际数据与经验标准之间的差异，并进一步查明产生差异的原因	经验标准并非一成不变，不同时期、不同地区、不同行业，经验标准也存在一定的差异

（续表）

类　型	含　义	适用情况	优　点	缺　点
预期标准	是指企业预先确定的比较标准，反映企业分析指标的目标水平，如企业制订的计划、预算或定额等	内部财务报表分析	① 可以了解计划的完成情况，揭示产生差异的原因 ② 可以考核、评价各部门经营业绩及企业总体目标的完成情况	预期标准的确定容易受人为因素的影响，使用时要注意其是否符合客观实际
基期标准	是指以前期实际发生的、已经成为历史的数据为标准，如企业历史最佳水平、平均水平、上年同期水平等	纵向比较	① 可以了解目前存在的差异，查明产生差异的原因，为完善企业经营管理提供依据 ② 可以揭示企业生产经营的发展规律，为预测企业未来发展趋势提供依据	① 基期标准比较保守，分析期的经济环境可能发生了很大变化 ② 基期标准只能反映企业自身的发展变化，不能评价企业在同行业中的地位和水平
行业标准	是指以同行业的同类指标数据确定的评价标准，如同行业平均水平、同行业先进水平或竞争对手水平等	横向比较	了解本企业在同行业竞争中的地位，找出本企业与先进企业的差距，为今后企业的发展指明方向	① 同行业相关企业的生产经营环境、采用的会计政策不同，可能会导致同行业企业之间缺乏可比性 ② 许多企业实行多元化经营，没有明确的行业归属，使得同行业比较更加困难

（三）比较的方法

比较的方法有水平分析法和垂直分析法。

1. 水平分析法

水平分析法又称横向比较法，是指将企业分析期项目的实际数与选定的标准（如经验标准、预期标准、基期标准和行业标准等）进行比较，研究企业财务状况、经营成果或现金流量等项目的差异情况，用以揭示其产生差异的原因和变化趋势的一种分析方法。

水平分析法经常采用的一种形式是编制比较财务报表。这种比较财务报表可以选择最近两期的数据并列编制，也可以选取数期的数据并列编制。前者一般用于差异分析，后者一般用于趋势分析。编制比较财务报表，一般会列示各项目增减变动额和增减变动率，其计算公式为

$$\text{某项目增减变动额} = \text{该项目分析期数额} - \text{该项目基期数额} \tag{1-1}$$

$$\text{某项目增减变动率} = \frac{\text{该项目分析期数额} - \text{该项目基期数额}}{|\text{该项目基期数额}|} \times 100\% \tag{1-2}$$

2. 垂直分析法

垂直分析法又称结构分析法，即计算财务报表中各项目金额占相关项目总金额的百分比，反映财务报表中各项目与相关项目总量之间的比重或结构关系及其变动情况，进而对各项目做出判断和评价的一种分析方法。财务报表经过垂直分析处理后，以各项目金额占

相关项目总金额的百分比为表现形式，这种仅有百分比而不表示金额的财务报表称为“共同比财务报表”。

垂直分析法的一般步骤如下。

（1）确定财务报表中各项目金额占相关项目总金额的比重或结构，其计算公式为

$$\text{某项目的比重} = \frac{\text{该项目金额}}{\text{相关项目总金额}} \times 100\% \quad (1\text{-}3)$$

提 示

通常，资产负债表的共同比财务报表选用资产总额作为总量基数，利润表的共同比财务报表则以营业收入作为总量基数。

（2）通过各项目的比重关系，分析各项目在企业经营中的重要性。一般情况下，项目比重越大，说明其重要程度越高，对总量的影响越大。

（3）将分析期各项目的比重与前期（或前几个会计期间）同项目比重对比，研究各项目的比重变化情况（或变化趋势）。垂直分析法也可用于不同企业之间的比较，研究本企业在同行业中的竞争优势和劣势。

（四）运用比较分析法应注意的问题

在运用比较分析法时，应注意相关指标的可比性，主要有以下几点。

1. 指标内容、范围和计算方法的一致性

在运用比较分析法时，会大量运用财务报表中的项目数据，必须注意这些项目数据的内容、范围及使用这些项目数据计算出来的经济指标的内容、范围和计算方法的一致性，只有一致才具有可比性。

2. 会计政策和会计估计的一致性

在会计核算中，如果会计政策和会计估计发生变更，必然会影响数据之间的可比性。因此，在运用比较分析法时，应将因发生以上变动而不具有可比性的数据进行调整，使之具备可比性后再进行比较。

3. 时间单位和长度的一致性

采用比较分析法时，应注意使用数据的时间单位及其长度的一致性，包括月、季、年度的对比，不同年度的同期对比，特别是本企业连续数期对比或本企业与同行业企业的对比，这样才能保证通过比较分析法做出的判断和评价具有可靠性和准确性。

4. 企业类型、经营规模和财务规模的一致性

在本企业与其他企业相比较时，只有在企业类型、经营规模和财务规模大体一致时，企业之间的数据才具有可比性，比较分析的结论才具有实用性。

二、趋势分析法

趋势分析法是将企业连续几个期间的财务数据进行对比，确定分析期相关项目的变动情况和变化趋势，并据以预测未来发展趋势的一种分析方法。

趋势分析法有定比和环比两种表现形式。

（一）定比分析

定比分析是指以某一固定时期作为基期，然后将其余各期与基期进行比较，从而计算相关指标的一种趋势分析法。定比分析有定比增减变动额、定比增减变动率和定比指数等指标，其计算公式分别为

$$\text{定比增减变动额}=\text{分析期数额}-\text{固定基期数额} \tag{1-4}$$

$$\text{定比增减变动率}=\frac{\text{分析期数额}-\text{固定基期数额}}{\text{固定基期数额}}\times 100\% \tag{1-5}$$

$$\text{定比指数}=\frac{\text{分析期数额}}{\text{固定基期数额}}\times 100\% \tag{1-6}$$

提　示

在定比分析中，基期的选择非常关键，基期数据是所有分析期数据的参照。基期不能选择项目数值为 0 或者负数的期间，否则计算的百分比就没有意义。选择的基期一般应是企业经营状况比较正常的期间。实际分析中一般采用时间序列中最早的期间作为基期，这样可以一目了然地得出整个分析期间企业的发展态势。

（二）环比分析

环比分析是指以各个分析期的前一期作为基期，然后将各个分析期与基期进行比较，从而计算相关指标的一种趋势分析法。环比分析有环比增减变动额、环比增减变动率和环比指数等指标，其计算公式分别为

$$\text{环比增减变动额}=\text{分析期数额}-\text{前一期数额} \tag{1-7}$$

$$\text{环比增减变动率}=\frac{\text{分析期数额}-\text{前一期数额}}{\text{前一期数额}}\times 100\% \tag{1-8}$$

$$\text{环比指数}=\frac{\text{分析期数额}}{\text{前一期数额}}\times 100\% \tag{1-9}$$

提　示

通过环比分析可以看出相关项目相邻期间的变动方向和幅度。在环比分析中也要注意，如果前期项目数值为负数或者为 0，则计算的百分比没有实际意义，表明该项目存在异常情况。

定比分析和环比分析实质上是一致的，只是侧重的角度不同，在实际工作中，可以根据需要选择其中一种或将二者结合使用。

三、比率分析法

比率分析法是将相关联的财务项目数据进行对比，通过计算出具有经济意义的财务比率来评价企业财务状况、经营成果和现金流量的分析方法，经常结合比较分析法使用。

（一）常见的财务比率

常见的财务比率可分为反映企业盈利能力、偿债能力、营运能力和发展能力的比率。这些比率之间是互有关联的，如营运指标提高表明企业资产周转速度加快了，资产的利用效率提高了，盈利能力相应地也会有所提高。

课堂讨论

你知道哪些财务指标呢，请说一说它们分别属于哪种财务比率。

（二）运用比率分析法应注意的问题

比率分析法的优点是计算简便，计算结果也比较容易判断，而且可使某些指标在不同规模的企业之间进行比较，甚至在一定程度上可以进行跨行业比较，但采用这种方法应注意以下几点。

1. 对比指标的相关性

计算比率的分子和分母必须具有相关性，把不相关的项目进行对比是没有意义的。两个对比指标要有内在联系，才能评价有关经济活动之间是否协调均衡、发展变化是否合理。

2. 对比口径的一致性

计算比率的分子和分母必须在计算时间、范围等方面保持口径一致。

3. 比较标准的科学性

运用比率分析，有时需要选用一定的比较标准与之对比，以便对企业的情况做出评价。在我国，比率分析法常用的衡量标准与比较分析法的比较标准相同，主要有经验标准、预期标准、基期标准和行业标准等。由于比较标准本身的局限性，实务中，分析人员应结合行业特点及企业具体情况进行分析。

4. 揭示信息范围的局限性

比率分析法只适用于某些方面，其揭示信息的范围具有一定的局限性，在实际运用时，不能孤立观察某一个财务比率，必须以指标所揭示的信息为起点，结合其他有关资料及实际情况做深层的探究，这样才能做出正确的判断与评价，更好地为决策服务。

四、因素分析法

因素分析法是指根据财务指标与其各影响因素之间的关系，按照一定的程序和方法，确定各影响因素对分析指标差异影响的方向和程度的分析方法。

（一）因素分析法的分类

因素分析法一般有连环替代法和差额分析法两种。

1. 连环替代法

连环替代法是根据因素之间的内在依存关系，依次测定各因素变动对经济指标差异影响的一种分析方法。连环替代法是因素分析法的基本形式，也是一种最常用的方法，其基本分析步骤如下。

（1）指标影响因素的分解。即将经济指标在计算公式的基础上进行分解或扩展，从而分解出各影响因素与分析指标之间的关系式。假设某一财务指标 I 有 A、B、C 三个影响因素，其关系式为

$$I = A \times B \times C \tag{1-10}$$

（2）确定分析对象。指标分解后，按照所确定的其与影响因素之间的关系，将基期和分析期指标列出两个关系式或指标体系，确定分析对象。假设 0 代表基期，1 代表分析期，则基期和分析期指标的关系式分别为

$$基期指标 I_0 = A_0 \times B_0 \times C_0 \tag{1-11}$$

$$分析期指标 I_1 = A_1 \times B_1 \times C_1 \tag{1-12}$$

分析对象就是分析期与基期指标之间的差异，其计算公式为

$$分析对象 = 分析期指标数额 - 基期指标数额 = I_1 - I_0 \tag{1-13}$$

（3）连环顺序替代，计算替代结果。所谓连环顺序替代，就是以基期指标体系为计算基础，用分析期指标体系中每一个因素的数额按顺序替代相应的基期数额，每次替代一个因素，替代后的因素被保留下来，并在每次替代后，按关系式计算结果。

按照假设的 A、B、C 三个影响因素连环顺序替代，其关系式分别为

$$基期指标\ I_0 = A_0 \times B_0 \times C_0 \tag{1-14}$$

$$第一次替代，\ I_2 = A_1 \times B_0 \times C_0 \tag{1-15}$$

$$第二次替代，\ I_3 = A_1 \times B_1 \times C_0 \tag{1-16}$$

$$第三次替代，分析期指标\ I_1 = A_1 \times B_1 \times C_1 \tag{1-17}$$

（4）比较替代结果。比较替代结果是连环进行的，将每次替换后的计算结果，与其相邻近的前一次计算结果相比较，两者的差额就是本次被替换因素变动对分析对象的影响程度。

按照假设的 A、B、C 三个影响因素连环顺序替代，比较替代结果的关系式分别为

$$A因素变动的影响 = I_2 - I_0 \quad (1\text{-}18)$$

$$B因素变动的影响 = I_3 - I_2 \quad (1\text{-}19)$$

$$C因素变动的影响 = I_1 - I_3 \quad (1\text{-}20)$$

（5）检验分析结果，分析变动原因。连环替代结束后，将各因素对分析指标的影响额相加，其代数和应等于分析对象。然后分析指标变动的原因及各因素的具体影响程度。

按照假设的 A、B、C 三个影响因素，三个因素的影响合计数恰好应为其分析对象，关系式为

$$(I_2 - I_0) + (I_3 - I_2) + (I_1 - I_3) = I_1 - I_0 \quad (1\text{-}21)$$

例 1-1　2022 年 7 月，A 公司甲产品原材料费用资料如表 1-13 所示。要求：用连环替代法分析产量、单耗和材料单价变动对材料费用总额的影响。

表 1-13　A 公司 2022 年 7 月甲产品原材料费用资料

项　目	上 月 数	本 月 数
产量/件	100	120
单耗/（千克/件）	30	25
材料单价/（元/千克）	20	22
材料费用总额/元	60 000	66 000

（1）指标影响因素的分解。材料费用总额 = 产量 × 单耗 × 材料单价。

（2）确定分析对象。分析对象 = 66 000 − 60 000 = 6 000（元）。

（3）进行连环替代。基期指标：100 × 30 × 20 = 60 000（元）。

第一次替代（替代产量）：120 × 30 × 20 = 72 000（元）。

第二次替代（替代单耗）：120 × 25 × 20 = 60 000（元）。

第三次替代（替代材料单价）：120 × 25 × 22 = 66 000（元）。

（4）比较替代结果。产量变动对材料费用总额的影响为：72 000 − 60 000 = 12 000（元）。

单耗变动对材料费用总额的影响为：60 000 − 72 000 = −12 000（元）。

材料单价变动对材料费用总额的影响为：66 000 − 60 000 = 6 000（元）。

综合影响结果为：12 000 + (−12 000) + 6 000 = 6 000（元）。

（5）检验分析结果，分析变动原因。运用连环替代法，综合影响结果为 6 000 元，与分析对象相等。

根据以上计算评价如下：2022 年 7 月，甲产品产量比上月提高 20 件，使材料费用总额增加 12 000 元；单耗比上月降低 5 千克/件，使材料费用总额减少 12 000 元；材料单价比

上月提高 2 元/千克，使材料费用总额增加 6 000 元。三项因素共同作用，导致甲产品 2022 年 7 月材料费用总额比上月材料费用总额增加 6 000 元。

2. 差额分析法

差额分析法是因素分析法在实际应用中的一种简化形式，其分析原理与连环替代法完全相同，只是分析程序上存在差异。与连环替代法相比，差额分析法直接利用各个因素的分析期值与基期值之间的差额，来计算各因素对分析指标的影响。具体操作方法是：先确定各因素分析期与基期的差额，在确定各因素影响大小时，利用该因素差额乘以排在该因素前面的各因素的分析期数和排在该因素后面的各因素的基期数。

按照前面假设的 A、B、C 三个影响因素，确定各因素对分析对象的影响程度时，其关系式分别为

$$A\text{因素变动的影响} = (A_1 - A_0) \times B_0 \times C_0 \quad (1\text{-}22)$$

$$B\text{因素变动的影响} = A_1 \times (B_1 - B_0) \times C_0 \quad (1\text{-}23)$$

$$C\text{因素变动的影响} = A_1 \times B_1 \times (C_1 - C_0) \quad (1\text{-}24)$$

例 1-2 同例 1-1 中的已知条件。要求：用差额分析法分析产量、单耗和材料单价变动对材料费用总额的影响。

产量变动对材料费用总额的影响为：$(120-100)\times 30\times 20 = 12\,000$（元）。

单耗变动对材料费用总额的影响为：$120\times(25-30)\times 20 = -12\,000$（元）。

材料单价变动对材料费用总额的影响为：$120\times 25\times(22-20) = 6\,000$（元）。

综合影响结果为：$12\,000 + (-12\,000) + 6\,000 = 6\,000$（元）。

由此可见，差额分析法的分析结果与连环替代法完全相同，只是计算过程更为简洁明了。

（二）运用因素分析法应注意的问题

（1）因素分解的关联性。即构成经济指标的因素，必须客观上存在因果关系，要能够反映形成该项指标差异的内在构成原因。

（2）因素替代的顺序性。因素替代的顺序不一样，计算的结果也是不一样的，因此，连环替代中替代顺序的确定非常关键。然而，实际中和理论上都没有给出如何确定替代顺序的方法。一般情况下，确定替代顺序必须以分析目的为依据，并考虑各因素的依存关系和重要程度，一般的替代顺序是基本因素在前，从属因素在后；主要因素在前，次要因素在后；数量因素在前，质量因素在后；实物量指标在前，货币指标在后。此外，为了保证每次分析结果的可比性，每次分析时应当按照同样的替代顺序进行计算。

（3）计算过程的假设性。在分步计算各个因素的影响程度时，必须假设其他因素不变，否则就无法分清各单一因素的影响程度。这实际上是一个脱离现实基础的假设，也是因素分析法的一个重要缺陷，在实际中，分析对象的变动是许多因素一起变化共同作用的结果，因此，因素之间的联合变动越大，连环替代（差额分析）产生的偏差也就越大。

任务拓展　分析乙公司净利润的变化趋势

步骤 1 下载乙公司利润表（见本书配套素材“素材与实例”→“乙公司”→“乙公司 2017—2021 年利润表.xlsx”），把乙公司 2017—2021 年利润表中的净利润数据整理到表 1-14 中。

表 1-14　乙公司 2017—2021 年净利润

单位：万元

项　目	2017 年度	2018 年度	2019 年度	2020 年度	2021 年度
净利润	587 526.67	1 148 619.58	1 233 439.26	1 134 145.22	1 321 706.70

步骤 2 计算乙公司净利润的定比指标（以 2017 年为基期）和环比指标，并编制乙公司 2017—2021 年净利润的趋势分析表，如表 1-15 所示。

2021 年各项指标的计算如下，其他年份参照计算即可。

$$\text{定比增减变动额}=1\,321\,706.70-587\,526.67=734\,180.03\text{（万元）}$$

$$\text{定比增减变动率}=\frac{1\,321\,706.70-587\,526.67}{587\,526.67}\times100\%\approx124.96\%$$

$$\text{定比指数}=\frac{1\,321\,706.70}{587\,526.67}\times100\%\approx224.96\%$$

$$\text{环比增减变动额}=1\,321\,706.70-1\,134\,145.22=187\,561.48\text{（万元）}$$

$$\text{环比增减变动率}=\frac{1\,321\,706.70-1\,134\,145.22}{1\,134\,145.22}\times100\%\approx16.54\%$$

$$\text{环比指数}=\frac{1\,321\,706.70}{1\,134\,145.22}\times100\%\approx116.54\%$$

表 1-15　乙公司 2017—2021 年净利润趋势分析表

项　目	2017 年度	2018 年度	2019 年度	2020 年度	2021 年度
定比增减变动额/万元	0.00	561 092.91	645 912.59	546 618.55	734 180.03
定比增减变动率/%	0.00	95.50	109.94	93.04	124.96
定比指数/%	100.00	195.50	209.94	193.04	224.96
环比增减变动额/万元	—	561 092.91	84 819.68	−99 294.04	187 561.48

（续表）

项　目	2017 年度	2018 年度	2019 年度	2020 年度	2021 年度
环比增减变动率/%	—	95.50	7.38	−8.05	16.54
环比指数/%	—	195.50	107.38	91.95	116.54

步骤 3 依据表 1-15 中的数据，简单分析乙公司净利润的趋势变化情况。

通过定比分析发现，自 2017 年起，乙公司的净利润 2018—2021 年相较于 2017 年始终保持增长态势。通过环比分析发现，乙公司的净利润 2020 年相较于 2019 年减少了 99 294.04 万元，下降了 8.05%；其他年份均有所增长，尤其 2018 年增长幅度较大，环比增长率为 95.50%。

素养之窗

诚信为本，操守为重，坚持准则，不做假账——这是每一名财务人员必须牢记的职业准则。诚信，既是中华民族的传统美德，也是社会主义核心价值观的道德基石，更是当代大学生的根本价值取向。当代大学生应身体力行，知行合一，筑牢诚信之基，传承职业精神。

班级____________ 姓名____________ 学号____________

项目实训

（一）实训要求

编制 B 公司和竞争对手的共同比利润表，并进行比较分析，了解比较分析法的应用。

（二）实训内容

（1）B 公司和竞争对手 2022 年利润表部分数据如表 1-16 所示，假设 B 公司和竞争对手的期间费用为 0。

表 1-16　B 公司和竞争对手 2022 年利润表部分数据

单位：万元

项　目	B 公司金额	竞争对手金额
营业收入	1 829.35	2 218.65
营业成本	1 613.04	1 838.92
营业利润	216.31	379.73
利润总额	326.25	392.24
净利润	241.24	290.18

（2）以表 1-16 中的数据为依据，以营业收入作为总量基数，编制共同比利润表（见表 1-17），并进行比较分析。

表 1-17　B 公司和竞争对手的共同比利润表

单位：%

项　目	B 公司比重	竞争对手比重
营业收入		
营业成本		
营业利润		
利润总额		
净利润		

班级____________ 姓名____________ 学号____________

项目考核»

（一）单项选择题

（1）中小股东分析财务报表主要关注的是（　　）。

A. 企业的短期获利能力、资产流动性、现金流量状况和股利分配政策等方面的信息

B. 企业的长期发展、企业的战略运行方向和经营决策的实施效果

C. 企业的商业信用和短期偿债能力

D. 企业盈利能力与风险程度是否相匹配

（2）（　　）是指企业使用资产支撑经营活动的效率。

A. 盈利能力　　B. 偿债能力

C. 营运能力　　D. 发展能力

（3）（　　）是财务报表分析工作的基础环节。

A. 明确分析目的

B. 确定合理的分析评价标准

C. 收集、整理和核实财务报表分析所需的资料

D. 选择恰当的分析方法

（4）财务报表分析方法中最常见、最基本的方法是（　　）。

A. 趋势分析法　　B. 因素分析法

C. 比率分析法　　D. 比较分析法

（二）多项选择题

（1）财务报表分析的基本资料包括（　　）。

A. 资产负债表　　B. 利润表

C. 现金流量表　　D. 所有者权益变动表

（2）投资者财务报表分析的目的主要有（　　）。

A. 评价企业的盈利能力和营运能力，关注企业的投资回报率

B. 关注企业的风险和报酬的关系

C. 评价企业长期发展的可能性，关注企业资本的保值增值能力

D. 关注企业偿债能力的强弱，以确认债权的安全性

（3）财务报表分析的局限性包括（　　）。

A. 财务报表信息反映货币计量和非货币计量的经济资源

B. 财务数据可能不代表其现行成本或变现价值

班级____________ 姓名____________ 学号____________

C．会计政策运用上的差异，导致比较分析时缺乏可比性

D．可能存在着会计信息的人为操纵

（4）财务报表分析方法有（　　）。

A．趋势分析法　　B．因素分析法

C．比率分析法　　D．比较分析法

（三）判断题

（1）相同的财务报表分析主体，其分析侧重点是一样的。（　　）

（2）财务报表是企业向外传递会计信息的主要途径，也是财务报告的重要组成部分。（　　）

（3）在定比分析中，基期可以选择项目数值为负数的期间。（　　）

（4）因素分析法分析对象就是分析期指标。（　　）

（四）思考题

（1）简述财务报表分析的程序。

（2）运用比率分析法应注意的问题有哪些？

班级____________ 姓名____________ 学号____________

（五）计算分析题

某企业2022年甲产品销售收入数据如表1-18所示。要求：用连环替代法和差额分析法分析单价和数量变动对销售收入的影响。

表1-18 甲产品销售收入数据

项　目	本年实际	本年计划
销售收入/万元	1 500	1 620
销售单价/（元/件）	150	180
销售数量/万件	10	9

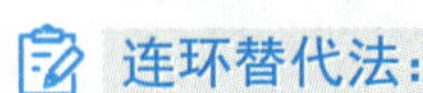

差额分析法：

项目二 资产负债表分析

项目导读

四张财务报表中，资产负债表是核心，读懂资产负债表，也就大致了解了一家公司的整体财务状况。公司开始运营，投入了各种资金，资金投入公司后就变成了各种资产。我们需要了解公司的资金都从哪里来，又变成了哪些资产，这些资产的价值如何。而资产负债表好像是为公司的财务状况拍了一张照片，记录了公司在某一时点的各种数据，以便检查公司的财务状况是否“健康”。

知识目标

- 了解资产负债表水平分析的目的，理解资产负债表水平分析表的编制和分析评价方法。
- 了解资产负债表垂直分析的目的，理解资产负债表垂直分析表的编制和分析评价方法。
- 了解资产负债表质量分析的目的，理解资产主要项目和资本主要项目的质量分析内容。

技能目标

- 具有编制和分析评价企业资产负债表水平分析表的能力。
- 具有编制和分析评价企业资产负债表垂直分析表的能力。
- 具有分析企业资产负债表质量的能力。

素养目标

- 明辨是非、鉴别真伪，具备维护资本市场秩序的使命感。

任务一 编制并分析资产负债表的水平分析表

任务导入

企业总资产表明企业资产的存量规模。随着企业经营规模的变动，资产存量规模也处在变动之中。资产存量规模过小，将难以满足企业经营的需要，影响企业经营活动的正常进行；资产存量规模过大，将造成资产的闲置，使资金周转缓慢，影响资产的利用效率。企业通过举债或吸收投资人投资来满足对企业资产的资金融通，从而产生了债权人、投资人对企业资产的两种不同要求权，即权益。资产、权益分别列示在资产负债表左右两方，反映出企业的基本财务状况，对资产负债表变动情况的分析评价也应当从资产和权益这两大方面进行。

小王阅读了甲公司的资产负债表，并结合水平分析法对其进行分析，希望通过分析甲公司近几年资产、负债和所有者权益各项目的变动差异及原因，进而揭示甲公司的财务状况和财务风险情况，以作为经营管理者未来决策的依据。

本任务的知识和技能要求如表 2-1 所示。

表 2-1 知识和技能要求

类 型	具体内容	学习程度		
		了解	理解	应用
知识要求	资产负债表水平分析的目的	●		
	资产负债表水平分析表的编制		●	
	资产负债表水平分析表的分析评价		●	
技能要求	编制并分析甲公司资产负债表水平分析表			●

班级______________ 姓名______________ 学号______________

任务工单 »

（一）任务描述

以基期标准作为比较标准，运用水平分析法对甲公司资产负债表进行水平分析，揭示资产、负债和所有者权益各项目的变动情况，分析变化的原因，并据以简单评价其变动对甲公司财务状况和财务风险的影响。

（二）任务分工

以 3～5 人为一组进行分组，每组设组长 1 名，小组讨论任务分工并将分工情况填写到表 2-2 中。

表 2-2 小组成员及分工情况

小组成员	姓　名	学　号	任务分工
组长			
组员			

（三）任务准备

在进入具体操作前，请各组长组织组员观看“初识资产负债表”的预习视频，并收集和整理以下相关资料，进行讨论分析。

初识资产负债表

（1）资产负债表的性质和作用是什么？

（2）资产负债表的格式和基本结构是什么样的？

（3）资产负债表水平分析的目的是什么？

班级____________　姓名____________　学号____________

（四）任务实施

（1）下载甲公司2021年12月31日资产负债表（见本书配套素材“素材与实例”→“甲公司”→“甲公司2021年12月31日资产负债表.xlsx”）。

（2）依据甲公司2021年12月31日资产负债表填写表2-3，需分别计算各个项目的增减变动额、增减变动率及其变动对总资产或总权益的影响。

表2-3　甲公司2021年12月31日资产负债表水平分析表

项　目	期末余额/万元	期初余额/万元	增减变动额/万元	增减变动率/%	对总资产或总权益的影响/%
流动资产：					
货币资金					
交易性金融资产					
衍生金融资产					
应收账款					
应收款项融资					
预付款项					
其他应收款					
存货					
合同资产					
一年内到期的非流动资产					
其他流动资产					
流动资产合计					
非流动资产：					
其他债权投资					
长期应收款					
长期股权投资					
其他权益工具投资					
其他非流动金融资产					
投资性房地产					
固定资产					
在建工程					
使用权资产					
无形资产					

班级____________ 姓名____________ 学号____________

（续表）

项　目	期末余额/万元	期初余额/万元	增减变动额/万元	增减变动率/%	对总资产或总权益的影响/%
商誉					
长期待摊费用					
递延所得税资产					
其他非流动资产					
非流动资产合计					
资产总计					
流动负债：					
短期借款					
应付票据					
应付账款					
合同负债					
应付职工薪酬					
应交税费					
其他应付款					
一年内到期的非流动负债					
其他流动负债					
流动负债合计					
非流动负债：					
长期借款					
租赁负债					
长期应付款					
递延收益					
递延所得税负债					
非流动负债合计					
负债合计					
所有者权益（或股东权益）：					
实收资本（或股本）					
资本公积					
其他综合收益					
盈余公积					

班级__________ 姓名__________ 学号__________

（续表）

项　目	期末余额/万元	期初余额/万元	增减变动额/万元	增减变动率/%	对总资产或总权益的影响/%
未分配利润					
所有者权益（或股东权益）合计					
负债和所有者权益（或股东权益）总计					

（3）依据表 2-3 中的数据，分析甲公司资产负债表中资产、负债、股东权益各项目的变动差异及其变化原因，并简单评价甲公司财务状况和财务风险的变化情况，然后将分析结论填写到表 2-4 中。

表 2-4　甲公司 2021 年 12 月 31 日资产负债表水平分析结论

分析内容	分析结论
主要项目的变动差异及其变化原因	
财务状况和财务风险的变化情况	

（五）任务评价

各组派代表展示任务实施成果，并配合指导老师完成表 2-5 所示的任务评价表。

表 2-5　任务评价表

<table>
<tr><th rowspan="2">评价项目</th><th rowspan="2">评价内容</th><th colspan="4">评价分数</th></tr>
<tr><th>分值</th><th>自评</th><th>组评</th><th>师评</th></tr>
<tr><td rowspan="3">职业素养考核目标（40%）</td><td>考勤、仪容仪表</td><td>10 分</td><td></td><td></td><td></td></tr>
<tr><td>责任意识、纪律意识</td><td>10 分</td><td></td><td></td><td></td></tr>
<tr><td>团队合作与交流</td><td>20 分</td><td></td><td></td><td></td></tr>
<tr><td rowspan="3">专业能力考核目标（60%）</td><td>任务准备过程记录及讨论的完成度</td><td>20 分</td><td></td><td></td><td></td></tr>
<tr><td>任务实施过程记录的完成度</td><td>20 分</td><td></td><td></td><td></td></tr>
<tr><td>任务实施成果的展示效果</td><td>20 分</td><td></td><td></td><td></td></tr>
<tr><td rowspan="2">合计</td><td>综合分数______自评（25%）+组评（25%）+师评（50%）</td><td>100 分</td><td></td><td></td><td></td></tr>
<tr><td>综合等级______</td><td colspan="4">指导老师签字__________</td></tr>
<tr><td>综合评价</td><td colspan="5"></td></tr>
</table>

一、资产负债表水平分析的目的

资产负债表水平分析的目的，在于通过对企业分析期的各项资产、负债和所有者权益与选定的标准进行对比分析，从总体上了解资产、负债和所有者权益的比较差异，并分析差异产生的原因，继而分析评价其差异变动对企业财务状况和财务风险的影响。

二、资产负债表水平分析表的编制

资产负债表水平分析表的编制，是将分析期的资产负债表各项目的数值与选定的标准进行比较，然后计算各个项目的增减变动额、增减变动率及各个项目的变动对总资产或总权益（债权人权益和所有者权益）的影响程度。

某项目的变动对总资产或总权益的影响程度的计算公式为

$$\text{某项目的变动对总资产或总权益的影响程度}=\frac{\text{某项目的变动额}}{\text{基期总资产或总权益}}\times 100\% \quad (2\text{-}1)$$

提　示

计算各个项目的变动对总资产或总权益的影响程度，可以确定影响总资产或总权益的重点项目，为进一步分析指明方向。

三、资产负债表水平分析表的分析评价

（一）资产项目的分析评价

关注资产总规模的变动情况及各类、各项资产的变动情况，可以揭示出引起资产规模变动的主要因素。资产项目的分析评价应注意以下几个方面。

（1）注意变动幅度较大（特别是发生异常变动）或对总资产变动影响较大的项目。某个项目对总资产的影响，不仅取决于该项目本身的变动幅度，还取决于该项目在总资产中所占的比重。虽然某个项目本身变动幅度较大，但是如果其在总资产中所占比重较小，则该项目的变动对总资产的影响也不会太大；虽然某个项目本身变动幅度不大，但是如果其在总资产中所占比重较大，则该项目的变动对总资产的影响也是比较大的。

（2）注意分析资产变动的合理性和效率性。对资产变动合理性和效率性的分析，可以借助企业产值、销售收入、利润和经营活动现金净流量等指标。通过资产变动与产值变动、销售收入变动、利润变动及经营活动现金净流量变动相比较，对资产变动的合理性与效率性做出评价。

（3）注意资产变动与所有者权益变动的一致性。一般来说，为了保证企业财务结构的稳定性和安全性，资产规模变动应与所有者权益变动相适应。如果资产规模的增长大大

超过所有者权益的增长，表明企业债务负担加重，这虽然可能是由企业融资政策引起的，但后果是企业财务风险增加。相反，如果企业资产规模的增长远远小于所有者权益的增长，可能会导致财务杠杆效应降低。

（4）注意分析会计政策和会计估计变更的影响。企业经营管理者可以通过会计政策和会计估计变更对资产负债表的数据做出调整。例如，改变存货计价方法，就会引起资产负债表上存货的变化；改变需要根据经验做出估计的坏账准备计提比例及固定资产折旧年限，会直接引起资产负债表上应收账款和固定资产的变化。因此，分析时，分析人员应根据会计政策和会计估计变更做出调整，以保证数据的可比性及分析结论的正确性。

提　示

会计政策变更是指企业在会计确认、计量和报告中所采用的原则、基础和会计处理方法的变更。

会计估计变更是指由于资产和负债的当前状况及预期经济利益和义务发生了变化，从而对资产或负债的账面价值或者资产的定期消耗金额进行调整。

（二）权益项目的分析评价

权益项目的分析评价主要从以下几个方面进行。

（1）分析权益总额的变动情况及各类、各项筹资的变动情况，从总体上了解企业在分析期内权益总额的变动情况，并揭示其变动的主要原因。

（2）注意变动幅度较大（特别是发生异常变动）或对权益变动影响较大的项目。

任务拓展　编制并分析乙公司资产负债表水平分析表

步骤 1 下载乙公司 2021 年 12 月 31 日资产负债表（见本书配套素材“素材与实例”→“乙公司”→“乙公司 2021 年 12 月 31 日资产负债表.xlsx”）。

步骤 2 依据乙公司 2021 年 12 月 31 日资产负债表填写表 2-6，需分别计算各个项目的增减变动额、增减变动率及其变动对总资产或总权益的影响。

以“货币资金”项目为例，计算过程如下，其他各个项目参照计算即可。

$$\text{货币资金增减变动额} = 4\ 585\ 717.03 - 4\ 646\ 773.25 = -61\ 056.22\ (\text{万元})$$

$$\text{货币资金增减变动率} = \frac{4\ 585\ 717.03 - 4\ 646\ 773.25}{4\ 646\ 773.25} \times 100\% \approx -1.31\%$$

$$\text{货币资金变动对总资产的影响程度} = \frac{4\ 585\ 717.03 - 4\ 646\ 773.25}{20\ 349\ 816.95} \times 100\% \approx -0.30\%$$

表 2-6 乙公司 2021 年 12 月 31 日资产负债表水平分析表

项 目	期末余额/万元	期初余额/万元	增减变动额/万元	增减变动率/%	对总资产或总权益的影响/%
流动资产：					
货币资金	4 585 717.03	4 646 773.25	−61 056.22	−1.31	−0.30
交易性金融资产	278 607.55	216 519.25	62 088.30	28.68	0.31
衍生金融资产	7 982.00	7 783.90	198.10	2.54	0.00
应收票据	1 335 479.11	1 413 634.98	−78 155.87	−5.53	−0.38
应收账款	1 463 101.84	1 593 002.43	−129 900.59	−8.15	−0.64
预付款项	85 723.31	76 582.22	9 141.09	11.94	0.04
其他应收款	195 508.22	171 769.18	23 739.04	13.82	0.12
存货	3 986 317.10	2 944 697.34	1 041 619.76	35.37	5.12
合同资产	30 443.43	26 341.29	4 102.14	15.57	0.02
其他流动资产	391 898.11	328 485.73	63 412.38	19.30	0.31
流动资产合计	12 360 777.70	11 425 589.57	935 188.13	8.19	4.60
非流动资产：					
长期应收款	30 899.88	33 058.90	−2 159.02	−6.53	−0.01
长期股权投资	2 323 220.09	2 156 765.85	166 454.24	7.72	0.82
其他权益工具投资	484 870.94	265 902.53	218 968.41	82.35	1.08
投资性房地产	2 496.49	2 838.70	−342.21	−12.06	0.00
固定资产	2 230 708.98	2 091 179.02	139 529.96	6.67	0.69
在建工程	418 326.34	361 019.51	57 306.83	15.87	0.28
使用权资产	273 401.67	283 985.83	−10 584.16	−3.73	−0.05
无形资产	954 960.79	1 001 814.59	−46 853.80	−4.68	−0.23
开发支出	22 789.22	16 774.67	6 014.55	35.85	0.03
商誉	2 182 710.31	2 251 846.03	−69 135.72	−3.07	−0.34
长期待摊费用	58 867.64	45 635.46	13 232.18	29.00	0.07
递延所得税资产	185 480.97	220 830.13	−35 349.16	−16.01	−0.17
其他非流动资产	216 438.40	192 576.16	23 862.24	12.39	0.12
非流动资产合计	9 385 171.72	8 924 227.38	460 944.34	5.17	2.27
资产总计	21 745 949.42	20 349 816.95	1 396 132.47	6.86	6.86
流动负债：					
短期借款	1 122 621.21	768 790.82	353 830.39	46.02	1.74
交易性金融负债	629.40	2 695.25	−2 065.85	−76.65	−0.01
衍生金融负债	8 021.24	23 958.25	−15 937.01	−66.52	−0.08

（续表）

项　目	期末余额/万元	期初余额/万元	增减变动额/万元	增减变动率/%	对总资产或总权益的影响/%
应付票据	2 502 323.84	2 123 605.71	378 718.13	17.83	1.86
应付账款	4 234 485.71	3 630 904.88	603 580.83	16.62	2.97
合同负债	1 001 687.03	626 958.44	374 728.59	59.77	1.84
应付职工薪酬	411 388.16	376 303.61	35 084.55	9.32	0.17
应交税费	260 368.35	240 112.27	20 256.08	8.44	0.10
其他应付款	1 752 416.01	1 706 329.40	46 086.61	2.70	0.23
一年内到期的非流动负债	962 301.48	752 272.49	210 028.99	27.92	1.03
其他流动负债	223 453.01	689 110.94	−465 657.93	−67.57	−2.29
流动负债合计	12 479 695.44	10 941 042.06	1 538 653.38	14.06	7.56
非流动负债：					
长期借款	303 857.38	1 182 141.63	−878 284.25	−74.30	−4.32
应付债券	33 473.00	671 350.11	−637 877.11	−95.01	−3.13
租赁负债	196 089.50	207 270.24	−11 180.74	−5.39	−0.05
长期应付款	9 960.27	9 820.33	139.94	1.43	0.00
长期应付职工薪酬	117 315.18	124 577.50	−7 262.32	−5.83	−0.04
预计负债	194 856.55	144 284.40	50 572.15	35.05	0.25
递延收益	85 279.46	63 376.17	21 903.29	34.56	0.11
递延所得税负债	212 180.32	190 040.13	22 140.19	11.65	0.11
其他非流动负债	4 946.17	2 703.35	2 242.82	82.96	0.01
非流动负债合计	1 157 957.83	2 595 563.86	−1 437 606.03	−55.39	−7.06
负债合计	13 637 653.27	13 536 605.92	101 047.35	0.75	0.50
所有者权益(或股东权益)：					
实收资本（或股本）	939 870.45	902 784.64	37 085.81	4.11	0.18
其他权益工具	11 801.76	236 419.53	−224 617.77	−95.01	−1.10
资本公积	2 254 934.56	1 500 747.56	754 187.00	50.25	3.71
减：库存股	242 403.88	2 889.66	239 514.22	8 288.66	−1.18
其他综合收益	9 518.24	24 836.80	−15 318.56	−61.68	−0.08
盈余公积	343 861.59	304 533.45	39 328.14	12.91	0.19
未分配利润	4 790 713.43	3 846 778.71	943 934.72	24.54	4.64
所有者权益（或股东权益）合计	8 108 296.15	6 813 211.03	1 295 085.12	19.01	6.36
负债和所有者权益（或股东权益）总计	21 745 949.42	20 349 816.95	1 396 132.47	6.86	6.86

步骤 3 依据表 2-6 中的数据，分析乙公司资产负债表中资产、负债、所有者权益各项目的变动差异及其变化原因，并简单评价乙公司财务状况和财务风险的变化情况。

（1）分析资产项目的变动差异及其变化原因：乙公司 2021 年期末资产总额（负债和所有者权益总额）相较于期初增加了 1 396 132.47 万元，增长率为 6.86%。其中，流动资产增加了 935 188.13 万元，增长率为 8.19%；非流动资产增加了 460 944.34 万元，增长率为 5.17%。增长较快的项目有其他权益工具投资、开发支出、存货和交易性金融资产，增长率分别为 82.35%、35.85%、35.37%和 28.68%。而存货增加了 1 041 619.76 万元，对总资产的影响为 5.12%（总资产一共增长了 6.86%），因此，分析人员要对存货项目引起重视，查明其增长较快的原因。

（2）分析负债项目的变动差异及其变化原因：负债项目中，流动负债增加了 1 538 653.38 万元，增长率为 14.06%，主要是由短期借款、合同负债、一年内到期的非流动负债、应付票据和应付账款的增加引起的；非流动负债减少了 1 437 606.03 万元，下降了 55.39%，主要是由长期借款和应付债券的减少引起的；流动负债占负债总额的比重有所提高，分析人员应关注企业的短期偿债能力的变化。

（3）分析所有者权益项目的变动差异及其变化原因：所有者权益增加了 1 295 085.12 万元，增长率为 19.01%，主要是由资本公积和未分配利润的增加引起的，这为企业的再发展提供了更多的资金来源，增强了企业的信用能力，分析人员可进一步关注企业资本公积的构成和未分配利润的动态变化及其合理性。

（4）分析财务状况和财务风险的变化情况：综上所述，乙公司 2021 年财务状况较稳定，且资产总额的增长（6.86%）小于所有者权益的增长（19.01%），其整体的财务风险有所降低。

任务二 编制并分析资产负债表的垂直分析表

任务导入

一项资产的获得，总是通过另一项资产的减少、负债（或所有者权益）的增加来实现的。人们总是习惯于以拥有资产特别是有形实物资产的多少，来判断企业经营的成败，却忽略了资产与负债总是如影随形。因此，除了对资产结构、资本结构的合理性进行分析，还要分析资产与资本对称结构的适应程度。于是，小王对甲公司资产负债表进行垂直分析，以便对甲公司近年来的财务状况和财务风险情况做出进一步分析评价。

本任务的知识和技能要求如表 2-7 所示。

表 2-7 知识和技能要求

类 型	具体内容	学习程度		
		了解	理解	应用
知识要求	资产负债表垂直分析的目的	●		
	资产负债表垂直分析表的编制		●	
	资产负债表垂直分析表的分析评价		●	
技能要求	编制并分析甲公司资产负债表垂直分析表			●

班级＿＿＿＿＿＿　姓名＿＿＿＿＿＿　学号＿＿＿＿＿＿

任务工单 »

（一）任务描述

运用垂直分析法对甲公司资产负债表进行垂直分析，揭示资产、负债和所有者权益各项目的结构比重，分析变化的原因，并评价甲公司资产结构、资本结构和资产与资本对称结构的适应程度。

（二）任务分工

以 3～5 人为一组进行分组，每组设组长 1 名，小组讨论任务分工并将分工情况填写到表 2-8 中。

表 2-8　小组成员及分工情况

小组成员	姓　名	学　号	任务分工
组长			
组员			

（三）任务准备

在进入具体操作前，请各组长组织组员观看"资产负债表垂直分析的目的及内容"的预习视频，并收集和整理以下相关资料，进行讨论分析。

资产负债表垂直分析的目的及内容

（1）资产负债表垂直分析的目的是什么？

（2）资产负债表垂直分析主要分析哪些内容？

班级__________ 姓名__________ 学号__________

（四）任务实施

（1）下载甲公司 2021 年 12 月 31 日资产负债表（见本书配套素材“素材与实例”→“甲公司”→“甲公司 2021 年 12 月 31 日资产负债表.xlsx”）。

（2）依据甲公司 2021 年 12 月 31 日资产负债表填写表 2-9，需分别计算资产、负债和所有者权益各项目占总资产（或总权益）的比重及其变动情况。

表 2-9 甲公司 2021 年 12 月 31 日资产负债表垂直分析表

项 目	期 末		期 初		比重变动情况/%
	金额/万元	比重/%	金额/万元	比重/%	
流动资产：					
货币资金					
交易性金融资产					
衍生金融资产					
应收账款					
应收款项融资					
预付款项					
其他应收款					
存货					
合同资产					
一年内到期的非流动资产					
其他流动资产					
流动资产合计					
非流动资产：					
其他债权投资					
长期应收款					
长期股权投资					
其他权益工具投资					
其他非流动金融资产					
投资性房地产					
固定资产					
在建工程					
使用权资产					
无形资产					
商誉					
长期待摊费用					
递延所得税资产					

班级____________　姓名____________　学号____________

（续表）

项　目	期　末		期　初		比重变动情况/%
	金额/万元	比重/%	金额/万元	比重/%	
其他非流动资产					
非流动资产合计					
资产总计					
流动负债：					
短期借款					
应付票据					
应付账款					
合同负债					
应付职工薪酬					
应交税费					
其他应付款					
一年内到期的非流动负债					
其他流动负债					
流动负债合计					
非流动负债：					
长期借款					
租赁负债					
长期应付款					
递延收益					
递延所得税负债					
非流动负债合计					
负债合计					
所有者权益（或股东权益）：					
实收资本（或股本）					
资本公积					
其他综合收益					
盈余公积					
未分配利润					
所有者权益（或股东权益）合计					
负债和所有者权益（或股东权益）总计					

（3）依据表 2-9 中的数据，分析甲公司 2021 年期末和期初资产结构、资本结构和资产与资本对称结构的适应程度，并将分析结论填写到表 2-10 中。

班级＿＿＿＿＿＿　姓名＿＿＿＿＿＿　学号＿＿＿＿＿＿

表 2-10　甲公司 2021 年 12 月 31 日资产负债表垂直分析结论

分析内容	分析结论
资产结构	
资本结构	
资产与资本对称结构的适应程度	

（五）任务评价

各组派代表展示任务实施成果，并配合指导老师完成表 2-11 所示的任务评价表。

表 2-11　任务评价表

<table>
<tr><th rowspan="2">评价项目</th><th rowspan="2">评价内容</th><th colspan="4">评价分数</th></tr>
<tr><th>分值</th><th>自评</th><th>组评</th><th>师评</th></tr>
<tr><td rowspan="3">职业素养考核目标（40%）</td><td>考勤、仪容仪表</td><td>10 分</td><td></td><td></td><td></td></tr>
<tr><td>责任意识、纪律意识</td><td>10 分</td><td></td><td></td><td></td></tr>
<tr><td>团队合作与交流</td><td>20 分</td><td></td><td></td><td></td></tr>
<tr><td rowspan="3">专业能力考核目标（60%）</td><td>任务准备过程记录及讨论的完成度</td><td>20 分</td><td></td><td></td><td></td></tr>
<tr><td>任务实施过程记录的完成度</td><td>20 分</td><td></td><td></td><td></td></tr>
<tr><td>任务实施成果的展示效果</td><td>20 分</td><td></td><td></td><td></td></tr>
<tr><td rowspan="2">合计</td><td>综合分数＿＿＿自评（25%）+组评（25%）+师评（50%）</td><td>100 分</td><td></td><td></td><td></td></tr>
<tr><td>综合等级＿＿＿</td><td colspan="4">指导老师签字＿＿＿＿＿＿</td></tr>
<tr><td>综合评价</td><td colspan="5"></td></tr>
</table>

一、资产负债表垂直分析的目的

资产负债表垂直分析的目的，在于通过对企业资产负债表中各项目与总资产（或总权益）的对比，分析企业的资产构成、负债构成和所有者权益构成，揭示企业资产结构、权益结构的合理性程度及现有结构下企业的资产流动性、经营风险和财务风险，以深入分析企业资产结构、资本结构及资产与资本结构适应程度的优化问题。

二、资产负债表垂直分析表的编制

资产负债表垂直分析表（又称共同比资产负债表）的编制，就是在资产负债表的基础上，分别计算出资产、负债和所有者权益各项目占总资产（或总权益）的比重，然后以此作为进一步分析评价的依据。

三、资产负债表垂直分析表的分析评价

（一）资产结构分析

资产代表企业的经济资源。资源必须有一个合理的配置才能最大限度地发挥功能，而资源配置是否合理，主要是通过各类资产占总资产的比重，即资产结构来反映的。合理的资产结构是企业高效经营和不断提高盈利能力的基础，是应对财务风险的基本保证。资产结构分析主要从以下几个方面进行。

1. 资产整体结构分析

资产整体结构分析主要是关注流动资产和非流动资产的比重。该比重具有明显的行业特点。例如，工业企业非流动资产的比重一般要大于商业企业非流动资产的比重。因此，分析时可以通过与行业的平均水平或可比企业资产结构的比较，对资产的流动性和经营风险做出判断。

2. 固流结构分析

固流结构是指固定资产与流动资产之间的结构关系。能否恰当安排固流结构，是企业总资产发挥最佳经济效益的关键。一般来说，固流结构分为保守型、适中型和冒险型三种类型。

（1）保守型固流结构，是指企业在一定销售水平上，维持大量的流动资产并采取宽松的信用政策，从而使流动资金处于较高水平的一种结构。这种固流结构流动资产比重较高，可降低企业经营风险和财务风险。但流动资产占用大量资金，会造成流动资产闲置，降低资产的利用效率，从而影响企业的盈利水平。因此，这种固流结构具有流动性高、风险小、盈利低的特点。

（2）适中型固流结构，是指企业在一定销售水平上，使固定资产存量与流动资产存

量之间的比例保持在平均合理水平的一种结构。这种固流结构具有流动性、风险及盈利水平均中等的特点。

（3）冒险型固流结构，是指企业在一定销售水平上，尽可能少地持有流动资产，从而使企业的流动资金维持在较低水平的一种结构。这种固流结构流动资产比重较低，资产的流动性较差。虽然流动资产比重较低、固定资产比重较高会相应提高企业的盈利水平，但是可能造成生产能力利用不足，同时也给企业带来较大的变现风险。因此，这种固流结构具有流动性差、风险大、收益高的特点。

知识拓展

评价企业固流结构是否合理的标准

（1）盈利水平与风险。分析企业现有的盈利水平和风险程度，据以判断和评价企业目前的固流结构是否合理。一般情况下，企业选择何种固流结构，主要取决于企业对风险的态度。冒险型企业倾向于选择冒险型固流结构策略，保守型企业则倾向于选择保守型固流结构策略。

（2）行业特点。不同的行业因经济活动内容不同、技术装备水平不同，其固流结构也有差异。一般情况下，创造附加值低的企业（如商业企业），一般会保持较高的资产流动性；而创造附加值高的企业（如制造企业），一般会保持较高的固定资产比重。

（3）企业经营规模。一般情况下，规模较大的企业，固定资产投入较多，固定资产比重相对较高，且因其筹资能力强，流动资产比重相对较低。

3. 流动资产结构分析

流动资产结构是指构成流动资产的各个项目占流动资产总额的比重。由于流动资产中各项目的变现能力各有差异，企业可以通过分析货币资金、交易性金融资产、应收票据、应收账款、其他应收款和存货等各项目占流动资产的比重，了解流动资产的分布情况、资产的流动性及企业的支付能力。

流动资产结构是否合理，影响企业资产的流动性和企业的应变能力，进而影响企业的偿债能力和盈利能力。因此，企业应结合所处行业的特点、自身发展阶段及实际情况，对流动资产中各项目的比重及其合理性进行分析。

提　示

企业应尽量保持货币资金的适度规模，降低包括其他应收款在内的不良资产的占用，同时将应收账款及存货规模控制在与自身经营规模和营销策略相匹配的范围内，以最大限度降低经营成本与风险。

（二）资本结构分析

资本结构是指企业各种资本的构成及其比例关系。资本结构分析主要从以下几个方面进行。

1．权益整体结构分析

权益整体结构是指企业的全部资金来源中债务资本和权益资本分别所占的比重。权益资本的大小是衡量企业自身偿债能力大小及评估企业财力大小的基础，而保持适当的债务资本又是调剂资金余缺及提高所有者投资报酬率的前提。因此，企业权益整体结构是否合理，直接关系到企业经济实力是否充实和经济基础是否稳定。

2．负债结构分析

负债结构是指企业各项负债在总负债中所占的比重，反映了各项负债在总负债中的组成情况。流动负债和非流动负债偿还期限、筹资成本的差异，会影响到企业的财务风险和盈利能力，因此要合理安排其比重。例如，流动负债比重过高，虽然筹资成本有所降低，但是会带来较高的财务风险。

提　示

负债是必须偿还的，而且要按期偿付，企业在举债时，就应当根据债务的偿还期限来安排债务结构。债务的偿还期与企业现金流入的时间是否吻合、债务的偿还额与现金流入量是否相适应是企业负债结构是否合理的一个重要标志。

3．所有者权益结构分析

所有者权益由实收资本（或股本）、资本公积、盈余公积和未分配利润等项目组成。通过分析所有者权益各项目的组成情况，可以判断企业的所有者权益结构是否合理，从而判断企业投入资本的稳定性和保值增值能力。实收资本（或股本）和资本公积等外部所有者权益的增长意味着企业投资额的扩大；盈余公积和未分配利润等内部所有者权益的持续增长意味着企业经营业绩较好且资本保值增值能力较强，这种体现企业“内部增长能力”的项目的比重相对越高越好。

课堂讨论

资本结构分析主要分析哪些方面？你认为什么样的资本结构是比较合理的，为什么？

（三）资产与资本对称结构分析

虽然总资产与总资本在金额上相等，但不同投资方式产生的资产结构与不同融资方式产生的资本结构不同。因此，在进行资产负债表垂直分析时，只对资产结构或资本结构进行分析是不够的，只有在资产与资本的各项目之间进行对应分析，才能了解企业财务状况的全貌。资产与资本的对称结构可以分为稳定型对称结构、中庸型对称结构和风险型对称结构三种。

1. 稳定型对称结构

稳定型对称结构是指在资产与资本的对称结构中，流动资产的资金不仅来源于流动负债，而且还有一部分来源于非流动负债及所有者权益，其结构如图 2-1 所示。

在这种结构下，企业对流动负债的依赖性较低，从而减轻了短期偿债压力，财务风险较低，但是由于长期资金来源的资金成本一般高于短期资金来源的资金成本，筹资成本较高，会降低企业的盈利水平。可见，稳定型对称结构具有低风险、高成本的特点。

2. 中庸型对称结构

中庸型对称结构是指在资产与资本的对称结构中，流动资产的资金来源恰好全部由流动负债来满足，即流动资产等于流动负债，而非流动资产的资金则由非流动负债及所有者权益提供，其结构如图 2-2 所示。

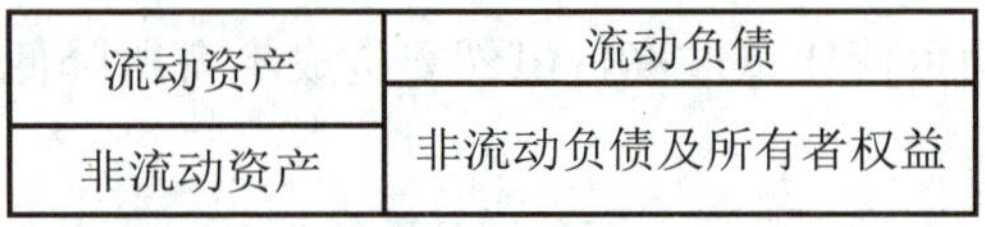

流动资产	流动负债
非流动资产	非流动负债及所有者权益

图 2-1　稳定型对称结构

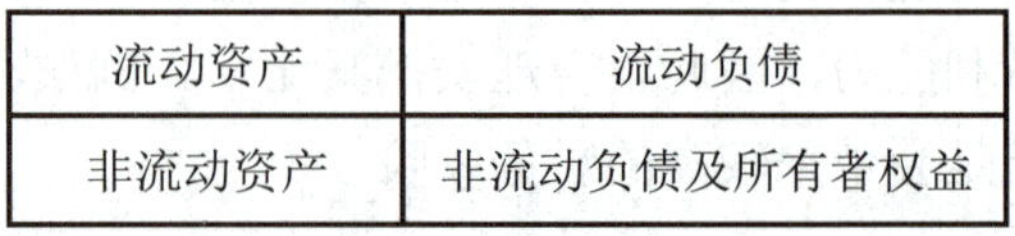

流动资产	流动负债
非流动资产	非流动负债及所有者权益

图 2-2　中庸型对称结构

在这种结构下，企业财务风险、筹资成本都处于中等水平，负债政策要根据资产结构变化进行调整。这种结构存在潜在的风险，它以资金变现时间和数量与偿债时间和数量相一致为前提，一旦两者出现时间和数量上的差异，如应收账款未能及时收回等，就会导致企业发生资金周转困难，并且有可能陷入财务危机。

3. 风险型对称结构

风险型对称结构是指在资产与资本的对称结构中，流动负债不仅满足了全部流动资产的资金需求，而且还将一部分用于非流动资产，即流动负债大于流动资产，其结构如图 2-3 所示。

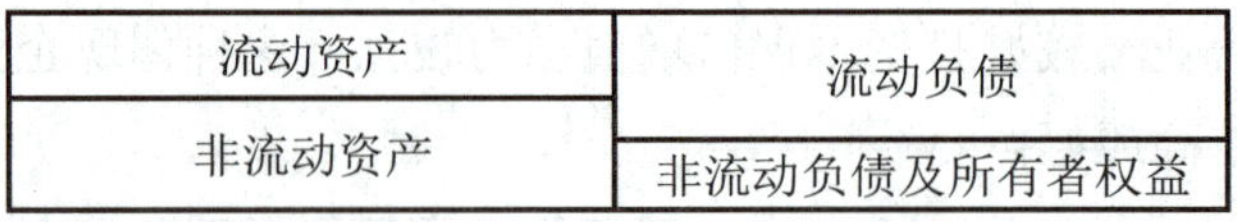

流动资产	流动负债
非流动资产	非流动负债及所有者权益

图 2-3　风险型对称结构

在这种结构下，企业的短期偿债压力较大，财务风险较高，但筹资成本相对较低，会在一定程度上提高企业的盈利水平。显然，风险型对称结构具有高风险和低成本的特点。对于希望获得高收益的企业而言，这是一种有吸引力的结构，但是，它对企业的经营能力、获现能力和财务应变能力要求较高。

提 示

纵观上述三种结构，稳定型对称结构适合各种企业，并被企业普遍采用；中庸型对称结构采用较少，这主要是因为该结构对企业要求较严格，一旦出现资产变现不及时的情况，企业资金就会周转不灵，出现偿债风险；风险型对称结构一般适用于企业发展壮大时期并且短期内使用。

任务拓展 编制并分析乙公司资产负债表垂直分析表

步骤 1 下载乙公司 2021 年 12 月 31 日资产负债表（见本书配套素材“素材与实例”→“乙公司”→“乙公司 2021 年 12 月 31 日资产负债表.xlsx”）。

步骤 2 依据乙公司 2021 年 12 月 31 日资产负债表填写表 2-12，需分别计算资产、负债和所有者权益各项目占总资产（或总权益）的比重。

以“货币资金”项目为例，计算过程如下，其他各个项目参照计算即可。

$$\text{期末货币资金所占比重}=\frac{4\ 585\ 717.03}{21\ 745\ 949.42}\times 100\%\approx 21.09\%$$

$$\text{期初货币资金所占比重}=\frac{4\ 646\ 773.25}{20\ 349\ 816.95}\times 100\%\approx 22.83\%$$

$$\text{货币资金比重变动情况}=21.09\%-22.83\%=-1.74\%$$

表 2-12 乙公司 2021 年 12 月 31 日资产负债表垂直分析表

项 目	期 末		期 初		比重变动情况/%
	金额/万元	比重/%	金额/万元	比重/%	
流动资产：					
货币资金	4 585 717.03	21.09	4 646 773.25	22.83	−1.74
交易性金融资产	278 607.55	1.28	216 519.25	1.06	0.22
衍生金融资产	7 982.00	0.04	7 783.90	0.04	0.00
应收票据	1 335 479.11	6.14	1 413 634.98	6.95	−0.81
应收账款	1 463 101.84	6.73	1 593 002.43	7.83	−1.10
预付款项	85 723.31	0.39	76 582.22	0.38	0.01
其他应收款	195 508.22	0.90	171 769.18	0.84	0.06
存货	3 986 317.10	18.33	2 944 697.34	14.47	3.86
合同资产	30 443.43	0.14	26 341.29	0.13	0.01
其他流动资产	391 898.11	1.80	328 485.73	1.61	0.19

（续表）

项　目	期　末		期　初		比重变动情况/%
	金额/万元	比重/%	金额/万元	比重/%	
流动资产合计	12 360 777.70	56.84	11 425 589.57	56.15	0.69
非流动资产：					
长期应收款	30 899.88	0.14	33 058.90	0.16	−0.02
长期股权投资	2 323 220.09	10.68	2 156 765.85	10.60	0.08
其他权益工具投资	484 870.94	2.23	265 902.53	1.31	0.92
投资性房地产	2 496.49	0.01	2 838.70	0.01	0.00
固定资产	2 230 708.98	10.26	2 091 179.02	10.28	−0.02
在建工程	418 326.34	1.92	361 019.51	1.77	0.15
使用权资产	273 401.67	1.26	283 985.83	1.40	−0.14
无形资产	954 960.79	4.39	1 001 814.59	4.92	−0.53
开发支出	22 789.22	0.10	16 774.67	0.08	0.02
商誉	2 182 710.31	10.04	2 251 846.03	11.07	−1.03
长期待摊费用	58 867.64	0.27	45 635.46	0.22	0.05
递延所得税资产	185 480.97	0.85	220 830.13	1.09	−0.24
其他非流动资产	216 438.40	1.00	192 576.16	0.95	0.05
非流动资产合计	9 385 171.72	43.16	8 924 227.38	43.85	−0.69
资产总计	21 745 949.42	100.00	20 349 816.95	100.00	0.00
流动负债：					
短期借款	1 122 621.21	5.16	768 790.82	3.78	1.38
交易性金融负债	629.40	0.00	2 695.25	0.01	−0.01
衍生金融负债	8 021.24	0.04	23 958.25	0.12	−0.08
应付票据	2 502 323.84	11.51	2 123 605.71	10.44	1.07
应付账款	4 234 485.71	19.47	3 630 904.88	17.84	1.63
合同负债	1 001 687.03	4.61	626 958.44	3.08	1.53
应付职工薪酬	411 388.16	1.89	376 303.61	1.85	0.04
应交税费	260 368.35	1.20	240 112.27	1.18	0.02
其他应付款	1 752 416.01	8.06	1 706 329.40	8.38	−0.32
一年内到期的非流动负债	962 301.48	4.43	752 272.49	3.70	0.73
其他流动负债	223 453.01	1.03	689 110.94	3.39	−2.36
流动负债合计	12 479 695.44	57.39	10 941 042.06	53.76	3.63

（续表）

项　目	期　末		期　初		比重变动情况/%
	金额/万元	比重/%	金额/万元	比重/%	
非流动负债：					
长期借款	303 857.38	1.40	1 182 141.63	5.81	−4.41
应付债券	33 473.00	0.15	671 350.11	3.30	−3.15
租赁负债	196 089.50	0.90	207 270.24	1.02	−0.12
长期应付款	9 960.27	0.05	9 820.33	0.05	0.00
长期应付职工薪酬	117 315.18	0.54	124 577.50	0.61	−0.07
预计负债	194 856.55	0.90	144 284.40	0.71	0.19
递延收益	85 279.46	0.39	63 376.17	0.31	0.08
递延所得税负债	212 180.32	0.98	190 040.13	0.93	0.05
其他非流动负债	4 946.17	0.02	2 703.35	0.01	0.01
非流动负债合计	1 157 957.83	5.32	2 595 563.86	12.75	−7.43
负债合计	13 637 653.27	62.71	13 536 605.92	66.52	−3.81
所有者权益（或股东权益）：					
实收资本（或股本）	939 870.45	4.32	902 784.64	4.44	−0.12
其他权益工具	11 801.76	0.05	236 419.53	1.16	−1.11
资本公积	2 254 934.56	10.37	1 500 747.56	7.37	3.00
减：库存股	242 403.88	1.11	2 889.66	0.01	1.10
其他综合收益	9 518.24	0.04	24 836.80	0.12	−0.08
盈余公积	343 861.59	1.58	304 533.45	1.50	0.08
未分配利润	4 790 713.43	22.03	3 846 778.71	18.90	3.13
所有者权益（或股东权益）合计	8 108 296.15	37.29	6 813 211.03	33.48	3.81
负债和所有者权益（或股东权益）总计	21 745 949.42	100.00	20 349 816.95	100.00	0.00

步骤 3 依据表 2-12 中的数据，分析乙公司 2021 年期末和期初资产结构、资本结构和资产与资本对称结构的适应程度。

（1）分析资产结构：乙公司 2021 年期末和期初流动资产比重分别为 56.84%和 56.15%，非流动资产比重分别为 43.16%和 43.85%，流动资产比重高于非流动资产比重，说明乙公司资产的流动性和变现能力较强，乙公司对经济形势的应变能力较好。乙公司 2021 年期末和期初固定资产比重分别为 10.26%和 10.28%，对比其流动资产和固定资产的比重，固流结构倾向于保守型。在流动资产中，乙公司 2021 年流动资产内部各项目所占比重变化不大，2021 年期末货币资金、存货、应收账款、应收票据占资产总额的比重分别为 21.09%、

18.33%、6.73%和 6.14%，单纯从流动资产内部结构来看，结构比较合理。

（2）分析资本结构：乙公司 2021 年期末和期初负债比重分别为 62.71%和 66.52%，所有者权益比重分别为 37.29%和 33.48%，负债比重略高。因此，分析人员要结合负债内部结构及偿债能力指标的分析进一步判断乙公司的财务风险大小。

在负债中，2021 年期末和期初流动负债比重分别为 57.39%和 53.76%，非流动负债比重分别为 5.32%和 12.75%，流动负债比重较高。从流动负债内部结构看，短期借款比重（5.16%/3.78%）并不高，流动负债比重较高主要是由经营性负债应付票据比重（11.51%/10.44%）和应付账款比重（19.47%/17.84%）均较高引起的，说明乙公司具有较好的财务弹性，但是还要结合应付票据、应付账款的账龄结构及乙公司的商业信誉等方面进一步分析其风险性。此外，2021 年期末和期初其他应付款比重分别为 8.06%和 8.38%，分析人员应进一步关注其内在结构的合理性。非流动负债比重 2021 年下降较多，主要是由长期借款和应付债券的比重下降引起的。

在所有者权益中，2021 年期末和期初实收资本（或股本）和资本公积等外部所有者权益项目低于内部所有者权益项目。其中，实收资本比重较低，分别为 4.32%和 4.44%；资本公积比重分别为 10.37%和 7.37%；而属于“内部增长能力”的未分配利润的比重较高，分别为 22.03%和 18.90%。对比 2021 年期末和期初的数据，实收资本和盈余公积比重变化不大，资本公积和未分配利润所占比重略有提高，说明乙公司经营绩效持续提高。

（3）分析资产与资本对称结构的适应程度：2021 年期末流动资产比重（56.84%）和流动负债比重（57.39%）基本相当，2021 年期初流动资产比重（56.15%）略高于流动负债比重（53.76%），乙公司资产与资本对称结构倾向于中庸型对称结构，但是结合乙公司的流动资产和流动负债的内部结构分析，可以初步判断乙公司财务风险并不高。

素养之窗

根据 YCY 会计行业观察的统计：证监会及其 19 家派出机构在 2022 年一共有 74 次涉及 A 股公司、新三板、发债公司或其关联方的有关财报披露舞弊的处罚（不含未按期披露财报的处罚），处罚次数比 2021 年多了 10 次。2022 年合计罚款额 72 941 万元，相较 2021 年减少了 5 000 多万元。2022 年的罚款中包括了对财务高管的 5 981 万元罚款及对其他财务人员的 890 万元罚款。

在健全打击重大违法长效机制方面，证监会更是明确提出，严格防范打击欺诈发行、财务造假、资金占用等违法违规行为，构建综合防治体系；对第三方配合造假行为，探索与相关部门建立联合惩戒机制；对占用上市公司资金、操纵违规对外提供担保、指使公司造假的控股股东、实际控制人，强化行政、刑事、民事责任追究。

作为财务报表分析人员，研究粉饰财务报表的动机，不断提高识别真假财务报表的能力，在市场经济中具有特别重要的现实意义。

任务三　分析资产负债表的质量

任务导入

资产负债表质量对于判断一个企业的价值、发展能力和偿债能力都有重要的作用。因此，小王通过对甲公司资产项目质量和资本项目质量进行分析，以揭示各项资产的规模和结构变动性、盈利性、周转性和保值性，以及甲公司资金来源的渠道及其稳定性程度，继而判断甲公司可持续发展的动力和保障程度、经营风险和财务风险的大小。

本任务的知识和技能要求如表 2-13 所示。

表 2-13　知识和技能要求

类　型	具体内容	学习程度		
		了解	理解	应用
知识要求	资产负债表质量分析的目的	●		
	资产项目质量分析		●	
	资本项目质量分析		●	
技能要求	分析甲公司应收账款的质量			●

班级＿＿＿＿＿＿　姓名＿＿＿＿＿＿　学号＿＿＿＿＿＿

任务工单

（一）任务描述

运用比较分析法对甲公司应收账款质量进行分析，分析应收账款的规模、账龄、坏账准备及周转速度，并据以评价甲公司应收账款的质量。

（二）任务分工

以 3～5 人为一组进行分组，每组设组长 1 名，小组讨论任务分工并将分工情况填写到表 2-14 中。

表 2-14　小组成员及分工情况

小组成员	姓　名	学　号	任务分工
组长			
组员			

（三）任务准备

在进入具体操作前，请各组长组织组员观看“应收账款质量分析相关知识”的预习视频，并收集和整理以下相关资料，进行讨论分析。

应收账款质量分析相关知识

（1）如何进行应收账款规模分析？

（2）什么是应收账款账龄分析？

（3）什么是应收账款坏账准备分析？

班级____________ 姓名____________ 学号____________

（4）应收账款周转速度的评价指标有哪些，如何利用其评价企业应收账款周转速度？

（四）任务实施

（1）下载甲公司 2021 年 12 月 31 日资产负债表和 2021 年利润表（见本书配套素材“素材与实例”→“甲公司”→“甲公司 2021 年 12 月 31 日资产负债表.xlsx”“甲公司 2021 年利润表.xlsx”），依据所下载的财务报表填写表 2-15，并对甲公司应收账款规模情况进行分析。

表 2-15　甲公司 2021 年应收账款及营业收入规模及变动情况

项　目	期末金额/万元	期初金额/万元	增减变动额/万元	增减变动率/%
应收账款				
营业收入				

分析评价：

（2）下载甲公司 2021 年应收账款账龄的数据情况（见本书配套素材“素材与实例”→“甲公司”→“甲公司 2021 年应收账款账龄的数据情况.docx”），依据所下载的数据填制甲公司 2021 年应收账款账龄结构表（见表 2-16），并对甲公司应收账款账龄情况进行分析。

表 2-16　甲公司 2021 年应收账款账龄结构表

账　龄	期　末		期　初		金额变动幅度/%
	金额/元	比重/%	金额/元	比重/%	
1 年以内					
1 至 2 年					
2 至 3 年					
3 年以上					
小计					
减：坏账准备					
合计					

班级________ 姓名________ 学号________

分析评价：

(3)2021 年甲公司应收账款按账龄组合计提坏账准备和同行业坏账计提比率的数据情况如表 2-17 所示。依据表 2-17 中的数据，对甲公司应收账款计提坏账准备情况进行分析。

表 2-17　2021 年甲公司应收账款按账龄组合计提坏账准备和同行业坏账计提比率的数据情况

账　龄	甲公司应收账款金额/元	甲公司坏账准备金额/元	甲公司坏账计提比率/%	同行业坏账计提比率/%
1 年以内	11 116 991 920.25	555 849 596.19	5.00	10.00
1 至 2 年	475 779 000.79	86 302 607.06	18.14	30.25
2 至 3 年	223 686 004.19	62 249 391.62	27.83	50.36
3 年以上	616 589 424.83	337 451 822.73	54.73	78.82
合计	12 433 046 350.06	1 041 853 417.60	8.38	25.63

分析评价：

(4)甲公司 2021 年期末按欠款方归集的前五名的应收账款的数据情况如表 2-18 所示。依据表 2-18 中的数据，对甲公司应收账款债务人集中度情况进行分析。

表 2-18　甲公司 2021 年期末按欠款方归集的前五名的应收账款的数据情况

排　名	应收账款期末余额/元	占应收账款期末余额合计数的比重/%	坏账准备期末余额/元
第一名	1 610 790 135.00	10.00	165 143 601.52
第二名	1 099 252 494.86	6.82	54 962 624.56
第三名	769 390 287.00	4.78	29 239 570.98
第四名	497 718 000.00	3.09	24 885 900.00
第五名	368 451 389.27	2.29	18 422 569.45
合计	4 345 602 306.13	26.98	292 654 266.51

班级________ 姓名________ 学号________

分析评价：

（5）甲公司和同行业2021年应收账款周转率和周转期的数据情况如表2-19所示。依据表2-19中的数据，对甲公司应收账款周转速度进行分析。

表2-19　甲公司和同行业2021年应收账款周转率和周转期的数据情况

比较对象	应收账款周转率/次	应收账款周转期/天
甲公司	16.64	21.94
同行业平均水平	10.99	33.21

分析评价：

（五）任务评价

各组派代表展示任务实施成果，并配合指导老师完成表2-20所示的任务评价表。

表2-20　任务评价表

评价项目	评价内容	评价分数			
		分值	自评	组评	师评
职业素养考核目标（40%）	考勤、仪容仪表	10分			
	责任意识、纪律意识	10分			
	团队合作与交流	20分			
专业能力考核目标（60%）	任务准备过程记录及讨论的完成度	20分			
	任务实施过程记录的完成度	20分			
	任务实施成果的展示效果	20分			
合计	综合分数______自评（25%）+组评（25%）+师评（50%）	100分			
	综合等级______	指导老师签字__________			
综合评价					

一、资产负债表质量分析的目的

资产负债表质量分析的目的主要表现为：① 通过资产项目质量分析，揭示各项资产的规模和结构变动性、盈利性、周转性和保值性，透视企业的经营风险，继而从整体上判断企业资产创造利润和带来现金流量的能力；② 通过资本项目质量分析，揭示企业资金来源的渠道及其稳定性程度，透视企业的财务风险，继而判断企业可持续发展的动力和保障程度。

二、资产项目质量分析

（一）货币资金质量分析

货币资金是企业在生产过程中以货币形态存在的资金，包括现金、银行存款和其他货币资金。货币资金是流动性最强、最有活力的资产，但又是几乎不产生收益的资产。

货币资金质量主要是指货币资金规模质量和货币资金构成质量。

1. 货币资金的规模质量分析

为维持企业经营活动的正常运转，企业必须持有一定量的货币资金。货币资金规模质量分析，主要是分析企业货币资金的持有量是否合理。由于货币资金是一种非营利资产，持有量过多表明企业资金使用效率低，会降低企业盈利能力，即会造成资金闲置，在浪费投资机会的同时，还会增加筹资成本；而持有量过少，若不能满足企业交易动机、预防动机、投机动机的需求，将会影响企业的正常经营活动，制约企业发展，同时增加财务风险。

货币资金规模质量分析需要考虑以下几个因素。

（1）企业资产的规模与业务量。一般而言，资产的规模越大，货币资金的规模也应越大；业务量越大，处于货币资金形态的资产就可能越多。

提　示

企业信用政策也会影响货币资金的规模。例如，企业采取宽松的信用政策，赊销比例会有所提高，可能会导致货币资金规模下降。

（2）企业的筹资能力。如果企业有良好的信誉，融资渠道畅通，就没有必要持有大量的货币资金，其货币资金的存量与比重可以低一些。

（3）企业对货币资金的运用能力。如果企业运用货币资金的能力较强，能灵活进行资金调度，则货币资金的存量与比重可维持较低水平。

（4）企业的行业特点。处于不同行业中的企业，其结算规模与筹资能力各不相同，其货币资金存量与比重也会有差异。

2. 货币资金的构成质量分析

在货币资金规模一定的条件下，仍然有必要对其构成情况进行分析，主要有以下两方面原因。

（1）企业的经济业务往往涉及多种货币，不同货币的币值受其汇率影响，因此，对企业所持有的不同货币进行汇率趋势分析，就可以确定企业持有货币资金的未来质量。

（2）货币资金的使用可能受到某些限制。例如，存款被冻结，存款已用于质押，借款合同要求的最低存款余额，未来开具银行本票、银行汇票或银行承兑汇票而存入的保证金，保险公司的资本金存款等。

典型案例

例 2-1　乙公司 2021 年货币资金构成的数据情况如表 2-21 所示。要求：对乙公司 2021 年货币资金构成质量进行分析。

表 2-21　乙公司 2021 年货币资金构成的数据情况

项　目	期　末		期　初	
	金额/万元	比重/%	金额/万元	比重/%
库存现金	308.60	0.01	125.77	0.00
银行存款	4 477 153.68	97.63	4 531 348.15	97.52
其他货币资金	108 254.75	2.36	115 299.33	2.48
其中：存出投资款	5 143.28	0.11	21 369.41	0.46
第三方支付平台存款	13 000.52	0.28	11 310.25	0.24
保证金	75 512.10	1.65	82 219.14	1.77
冻结款项	905.92	0.02	19.19	0.00
其他受限资金	13 692.93	0.30	381.34	0.01
合计	4 585 717.03	100.00	4 646 773.25	100.00
其中：存放在境外的款项	896 624.65	19.55	1 040 904.78	22.40

分析评价：

由表 2-21 中的数据可以看出，2021 年期末和期初存放在境外的款项金额（比重）分别为 896 624.65 万元（19.55%）和 1 040 904.78 万元（22.40%），因此，分析人员要进一步分析汇率变动对货币资金质量的影响。此外，2021 年期末其他货币资金中存出投资款金额为 5 143.28 万元，第三方支付平台存款金额为 13 000.52 万元，保证金金额为 75 512.10 万元，冻结款项金额为 905.92 万元，其他受限资金金额为 13 692.93 万元。但 2021 年期末和期初整体受限资金所占比重均不高，说明乙公司的货币资金的自由度很高，实际支付能力强。

（二）应收账款质量分析

应收账款是指企业因销售商品或提供劳务等，应向购货单位或接受劳务单位收取的各种款项，它是企业金融资产的重要组成部分，体现了企业向客户提供的一种短期商业信用。应收账款质量是指债权转换成货币的质量，主要取决于企业的信用政策。企业应合理确定信用政策，在刺激销售和减少坏账间寻找赊销政策的最佳点。对应收账款的质量分析，可以从以下几个方面进行。

1. 应收账款的规模分析

应收账款的规模分析应结合营业收入的规模分析一起进行。如果企业的应收账款增长率超过营业收入增长率，就可以判断其应收账款存在不合理增长的倾向。对此，应进一步分析应收账款规模增长的具体原因。

提　示

从企业经营管理角度讲，应收账款规模增长主要有以下几个原因：① 销售增长；② 放松信用政策；③ 应收账款管理不当；④ 应收账款质量不高，存在长期挂账且难以收回的账款，或者因客户发生财务困难，暂时难以偿还所欠货款。

2. 应收账款的账龄与坏账准备分析

应收账款的账龄分析，就是对现有债权按照欠款期长短进行分类，并分析判断可收回金额和坏账。应收账款的账龄分析是确定企业坏账情况、制订企业信用政策的重要依据。一般情况下，未过信用期或已过信用期但拖欠时间短的债权与已过信用期且拖欠时间长的债权相比，出现坏账的可能性小。

提　示

一般情况下，应收账款的质量不仅与账龄有关，也与债务人的构成有关，分析人员可以从债务人的集中度、稳定性和关联性等方面进行分析。

企业的应收账款是否发生减值及减值程度取决于该项目预计未来现金流量的现值，在实务中，企业一般利用账龄分析等方法对坏账准备加以估计。坏账准备分析，即对坏账准备计提情况及计提政策的合理性进行分析，从而确定应收账款的保值性，主要表现为：① 确认坏账准备的计提范围、计提方法、计提比例是否合理，例如，某些企业可能少提或不提坏账准备，从而虚增应收账款净额和利润；② 比较企业前后会计期间坏账准备的计提方法是否一致，若有变更，须判断其变更的合理性。

3. 应收账款的周转性分析

应收账款的周转速度可借助应收账款周转率和应收账款周转期等指标进行分析（具体指标的计算见项目七），在一定的信用政策的前提下，企业应收账款周转率越高，周转期越短，周转速度越快，其周转性越好。

（三）存货质量分析

存货是指企业在正常生产经营过程中持有以备出售的产品或商品，以及为了出售仍然处在生产过程中的在产品和将在生产过程中或提供劳务过程中耗用的材料、物料等。从存货定义可以看出，企业持有存货是为了销售、短期周转或快速消耗，最终目的是出售。存货这一特征使其明显区别于固定资产等长期资产。

1．存货的规模及结构分析

企业管理中，强调对企业存货规模的控制。因为存货规模越大，资金沉淀就越多，资金周转速度就越慢，可流动的资金就越少，这将会影响企业正常生产经营所需的资金和企业的正常运行。此外，存货的结构在不同类型企业中是有差别的（见表 2-22），且各类存货在企业再生产过程中的作用是不同的，因此，应当对企业存货的品种构成进行分析，进而判断其规模及规模变动的合理性，以及对企业未来盈利能力的影响。

表 2-22　不同类型企业存货的构成

企业性质	存货的构成
工业企业	库存、加工中和在途的各种原材料、燃料、包装物、低值易耗品、在产品、外购商品、自制半成品、产成品及分期收款发出商品等
商品流通企业	在途商品、库存商品、加工商品、出租商品、分期收款发出商品及材料物资、包装物、低值易耗品，以及企业委托代销的商品等

知识拓展

工业企业存货规模和结构分析的主要表现

（1）如果原材料和产成品之间的结构比重大体保持不变，存货的整体规模随着企业营业规模的变化而同比变化，这往往是企业以销定产的表现。

（2）如果原材料的相对规模有所增大，可能是企业预计市场较好及原材料市场价格上涨，囤积原材料所致。

（3）如果原材料的相对规模有所减小，产成品的相对规模却有所增大，可能是产品滞销，或是通过低转成本（指企业未将已售产品的成本转入营业成本项目，仍将其列示于存货项目中）而人为粉饰当期业绩（降低当期营业成本，虚增利润）等原因，须引起分析人员的注意。

例 2-2　乙公司 2021 年存货规模和结构的数据情况如表 2-23 所示。乙公司 2021 年营

业收入和营业成本增长率分别为 8.50%和 6.11%。要求：对乙公司 2021 年存货规模和结构质量进行分析。

表 2-23 乙公司 2021 年存货规模和结构的数据情况

项 目	期 末		期 初		金额变化幅度/%
	金额/元	比重/%	金额/元	比重/%	
原材料	4 960 836 755.15	12.03	2 785 611 125.08	9.06	78.09
在产品	315 676 026.77	0.77	336 866 878.61	1.10	−6.29
库存商品	35 952 553 480.95	87.20	27 613 569 305.90	89.84	30.20
合计	41 229 066 262.87	100.00	30 736 047 309.59	100.00	34.14

分析评价：

由表 2-23 中的数据可以看出，2021 年期末（期初）存货中原材料、在产品和库存商品的比重分别为 12.03%（9.06%）、0.77%（1.10%）和 87.20%（89.84%）。其中，库存商品比重较高。乙公司 2021 年营业收入和营业成本增长率分别为 8.50%和 6.11%，原材料和库存商品增长率分别为 78.09%和 30.20%，大大超过经营规模的增长。虽然两者结构比重变化不大，但由于金额增长幅度较大，且绝对数量较高，须引起分析人员的注意。

2．存货的计价方法分析

存货的计价方法分析，主要是分析企业对存货计价方法的选择或变更是否合理。实务中，存货计价方法有先进先出法、加权平均法、移动加权平均法和个别计价法等方法。不同的存货计价方法对企业的财务状况、盈亏情况会产生不同的影响。例如，在物价持续上涨时，先进先出法会导致期末存货余额和当前存货市场价值比较接近，对资产负债表的影响较小；但是，会导致当期结转营业成本偏低，利润被高估。

3．存货的保值性分析

会计准则规定，存货的期末计价采用成本与可变现净值孰低法，对于可变现净值低于成本的部分，应当计提存货跌价准备。

提 示

> 可变现净值，是指企业在正常经营过程中，以预计售价减去预计完工成本及销售所必需的预计费用后的价值。这就涉及对预计售价、预计完工成本及销售所必需的预计费用等因素的人为估计，即会受到人为主观因素的影响。

在分析存货的保值性时，应首先对其计提存货跌价准备的合理性进行判断，主要表现为：① 是否存在利用存货项目虚增利润（或进行潜亏挂账）的问题，即不按规定提取存货跌价准备或少提存货跌价准备，致使存货账面价值被高估，当期利润虚增（或掩盖潜在的亏损）；② 是否利用存货跌价准备的计提来进行巨额摊销，为以后年度的“扭亏为盈”

提供机会。

4. 存货的周转性分析

存货的周转速度可借助存货周转率和存货周转期等指标进行分析（具体指标的计算见项目七），在其他条件既定的情况下，企业存货周转率越高，周转期越短，周转速度越快，其周转性越好。

提 示

> 企业关注的焦点在于减少存货和加速流转。减少存货可以有效减少资金占用和降低经营风险，改善企业的财务状况和提高抗风险的能力；加速流转可以有效提高企业的盈利能力，从而创造更多的价值。在存货周转一次可以产生营业毛利的情况下，在其他条件相同时，企业存货周转速度越快，一定时期的盈利水平也就越高。

（四）固定资产质量分析

固定资产是指企业为生产商品、提供劳务、出租或经营管理而持有的，使用寿命超过一个会计年度的有形资产。一般情况下，企业的固定资产呈现以下几个特点：① 长期拥有并在生产经营中持续发挥作用；② 投资数额大，经营风险也相对较大；③ 反映企业生产的技术水平、工艺水平；④ 对企业的经济效益和财务状况影响巨大；⑤ 变现性差。

1. 固定资产的规模、结构及其变动情况分析

固定资产是企业生产经营重要的劳动手段，是企业获取盈利的主要物质基础，在企业的生产经营过程中发挥着重要的作用。因此，企业要维持固定资产的适度规模，即需与企业整体的生产经营水平、发展战略及所处行业特点相适应。

在进行固定资产质量分析时，还应关注固定资产结构是否合理。例如，对于制造企业而言，在其各类固定资产中，生产用固定资产，特别是生产设备，同企业生产经营直接相关，在全部资产中应占较大的比重；而非生产用固定资产应在发展生产的基础上，根据实际需要适当安排，其增长速度一般情况下不应超过生产用固定资产的增长速度。此外，如果未使用和不需用的固定资产所占比重过大，会导致固定资产的闲置，影响企业固定资产整体的利用效率，应尽早查明原因，及时采取措施予以处理。

企业在各个会计期间内固定资产原值的变化（如购置、清理、处置或报废），应朝着优化企业内部固定资产结构、提高企业固定资产利用效果的方向努力。

典型案例

例 2-3 乙公司 2021 年固定资产规模、结构及变动的数据情况如表 2-24 所示。乙公司为制造业企业，2021 年营业收入和营业成本增长率分别为 8.50%和 6.11%，且乙公司 2021 年固定资产的购置、处置或报废金额不大。要求：对乙公司 2021 年固定资产规模、

结构及变动情况进行分析。

表 2-24　乙公司 2021 年固定资产规模、结构及变动的数据情况

项　目	期　末		期　初		金额变化幅度/%
	金额/元	比重/%	金额/元	比重/%	
房屋及建筑物	11 353 869 023.33	27.31	10 162 375 605.28	26.73	11.72
生产设备	26 553 243 290.47	63.86	24 419 389 978.14	64.23	8.74
运输设备	179 083 687.93	0.43	169 128 209.23	0.44	5.89
办公设备	1 032 764 014.90	2.48	953 174 443.16	2.51	8.35
其他固定资产	2 462 387 656.33	5.92	2 313 836 002.70	6.09	6.42
合计	41 581 347 672.96	100.00	38 017 904 238.51	100.00	9.37

分析评价：

由表 2-24 中的数据可以看出，2021 年期末（期初）固定资产中房屋及建筑物、生产设备、运输设备、办公设备和其他固定资产的比重分别为 27.31%（26.73%）、63.86%（64.23%）、0.43%（0.44%）、2.48%（2.51%）和 5.92%（6.09%）。其中，生产设备比重超过 60%，符合制造业企业的特点。此外，固定资产总额和各个项目的变动和营业规模（营业收入和营业成本）的变动基本相符，且固定资产的购置、处置或报废金额不大。因此，可以初步判断，乙公司固定资产规模、结构及其变动情况基本合理。

2. 固定资产的保值性分析

通过对企业固定资产减值准备的计提情况进行分析，可以对企业固定资产的保值性做出初步判断。固定资产在期末按账面价值与可收回金额孰低的原则来计量，对可收回金额低于账面价值的差额计提固定资产减值准备。固定资产可收回金额是依据核算日前后的相关信息确定的，是带有一定主观性的会计估计。在实务中，一些企业会对技术陈旧等原因导致的固定资产减值，不提或少提减值准备，从而虚夸固定资产账面价值（影响固定资产质量），虚增利润。因此，分析时，应主要关注固定资产减值准备计提的合理性。

3. 固定资产的折旧分析

固定资产提取的折旧额大小受计提折旧基数、净残值、折旧年限、折旧方法等因素的影响。在实务中，常有企业利用折旧方法的可选择性和使用年限估计的主观性，以达到人为操纵折旧金额，进而影响固定资产净值和企业利润的目的，在分析时要特别注意其变更的合理性。

4. 固定资产的周转性分析

固定资产是企业的一类重要资产，在总资产中占有较大比重。更重要的是，固定资产的生产能力关系到企业产品的产量和质量，进而关系到企业的盈利能力。所以，固定资产营运效率如何，即固定资产周转性的好坏，对企业至关重要。

（五）无形资产质量分析

无形资产是指企业拥有或者控制的没有实物形态的可辨认非货币性资产，包括专利权、非专利技术、商标权、著作权、土地使用权、特许经营权等。一般来说，无形资产具有如下特征：① 不具有实物形态；② 属于非货币性长期资产；③ 为企业使用而非出售的资产；④ 在创造经济利益方面存在较大不确定性。

1. 无形资产的盈利性分析

伴随着知识经济时代的到来，无形资产如同一双看不见的手，给企业的生产与发展带来了巨大的影响。作为一项重要的盈利性资产，企业拥有和控制的无形资产越多，就意味着其可持续发展能力和竞争能力越强。但现行会计准则的有关规定及无形资产的形成特点，决定了会计报表中所反映的无形资产的价值与其当初的取得成本直接相关，而一些无形资产的内在价值已经远远地超出了它的账面价值。也就是说，相对于无形资产的内在价值，其账面价值往往是象征性的。而无形资产本身所具有的属性决定了其盈利性具有很大的不确定性，因此，分析无形资产的盈利性，不是一件容易的事情。在分析时，要详细阅读报表附注及其他有助于了解企业无形资产类别、性质等情况的说明。

不同无形资产项目的属性相差悬殊，其盈利性也各不相同，因此不可一概而论。一般地说，专利权、商标权、著作权、土地使用权、特许经营权等无形资产有明确的法律保护期限，因此其盈利性相对较为容易判断。而像专有技术等不受法律保护的无形资产项目，其盈利性就不太好确定，同时也易产生资产泡沫。

提　示

无形资产是一项不具有实物形态的特殊资源，自身无法直接为企业创造财富，须依附于直接或间接的物质载体才能表现出其内在价值。无形资产的这种特性决定了它只有与固定资产或存货等有形资产进行适当组合，才能发挥其应有的价值。企业可利用品牌效应、技术优势、管理优势等无形资产盘活有形资产，通过联合、参股、兼并等形式实现企业扩张，达到资源最佳配置。可见，无形资产在与其他资产组合过程中所释放的增值潜力的大小，直接决定了无形资产的盈利性，进而决定了无形资产的质量。

2. 无形资产的保值性分析

通过对企业无形资产减值准备的计提情况进行分析，可以对企业无形资产的保值性做出初步判断。分析时，应主要关注无形资产减值准备计提的合理性。现行会计准则规定，无形资产减值准备一经计提，在以后期间不得任意转回，这在一定程度上杜绝了企业利用其来操纵利润的行为发生。

三、资本项目质量分析

（一）流动负债质量分析

流动资产是一年内可变现的资产项目，流动负债为一年内应清偿的债务责任。因此，在任一时点上，两者的数量对比关系对企业的短期经营活动都产生十分重要的影响。

此外，流动负债各个项目的流动性对企业短期经营也有很大的影响。流动负债的流动性，即流动负债需要偿还的压力和时间长短。流动负债各个项目的偿付期限并不一致，真正影响企业财务风险的是那些流动性较高（强制性）的债务，如当期必须支付的短期借款、应付票据、应付账款、应付股利等。而流动性较低（非强制性）的债务，如不必当期偿付的预收款项、应付账款、其他应付款等，实际上并不构成对企业短期付款的压力。因此，在判断一个企业的流动性风险时，应该把这些因素考虑在内。流动性较低的短期负债会在无形中降低企业的流动性风险。如果不对流动负债内部构成按照流动性进行区分与分析，往往会高估企业的流动性风险。

知识拓展

应付票据与应付账款的数量变化所包含的经营质量信息

一般认为，应付票据与应付账款的规模代表了企业利用商业信用推动其经营活动的能力，也可以在一定程度上反映出企业在行业中的议价能力。应付票据与应付账款的财务成本并不相同（在我国商业汇票普遍采用银行承兑汇票，应付票据是有成本的），因此，从企业应付票据和应付账款的数量变化，可以透视出企业的经营质量。随着企业存货或营业成本的增长，应付账款相较于应付票据增长更快的情况，代表了企业在业界商业信用更高、议价能力更强。

（二）非流动负债质量分析

企业的非流动负债是形成企业非流动资产和部分长期稳定流动资产的资金来源，它的质量也会影响企业财务状况质量。

对非流动负债的质量分析，主要从以下几个方面进行。

1. 长期借款质量分析

长期借款通常具有金额大、期限长等特点，且其在非流动负债中比重较高，因此，首先要分析其比重的合理性。此外，长期借款利率水平越低，财务成本越低，长期借款质量越好；长期借款中贷款担保的限制条件越少，对企业正常经营活动带来的影响越小，长期借款质量越好。

2. 长期应付款质量分析

长期应付款项目内容比较庞杂，在实务中，有些企业会利用其达到各种目的。例如，虚列长期应付款项目的金额，之后，再找机会套现资金，挪作他用或据为己有。因此，分析长期应付款的规模、构成及其真实性就显得尤为重要。

3. 预计负债质量分析

预计负债是指根据或有事项等相关准则确认的各项预计负债，包括对外提供担保、未决诉讼、产品质量保证、重组义务及固定资产和矿区权益弃置义务等产生的预计负债。一个或有事项是否被确认为负债，在很大程度上由人为主观判断。因此要判断预计负债的合理性，分析企业是否存在利用该项目进行利润操纵的行为。

（三）所有者权益质量分析

所有者权益项目中，投入资本总额大致反映了企业所有者对企业的累计投资规模，而留存收益则大致反映了企业从最初成立以来的自身积累规模。因此，在企业没有大规模进行转增资本的情况下，通过计算投入资本与留存收益之间的比例关系，就可以揭示出企业主要的自有资金来源，由此评价企业的资本充足性、自身积累和自我发展能力。

任务拓展　分析乙公司应收账款的质量

步骤 1 下载乙公司 2021 年 12 月 31 日资产负债表和 2021 年利润表（见本书配套素材“素材与实例”→“乙公司”→“乙公司 2021 年 12 月 31 日资产负债表.xlsx”“乙公司 2021 年利润表.xlsx”），依据所下载的财务报表填写表 2-25，并对乙公司应收账款规模情况进行分析。

表 2-25　乙公司 2021 年应收账款、应收票据及营业收入规模及变动情况

项　目	期末金额/万元	期初金额/万元	增减变动额/万元	增减变动率/%
应收账款	1 463 101.84	1 593 002.43	−129 900.59	−8.15
应收票据	1 335 479.11	1 413 634.98	−78 155.87	−5.53
营业收入	22 755 614.36	20 972 343.01	1 783 271.35	8.50

分析应收账款规模情况：2021 年应收账款减少了 129 900.59 万元，下降了 8.15%，且应收票据下降了 5.53%，而 2021 年营业收入增长了 8.50%。应收账款的减少，可能主要是由 1 年以内的应收账款的回收到账引起的。分析人员可以结合企业信用政策情况，进一步分析其应收账款规模变化的合理性。

步骤 2 乙公司 2021 年应收账款账龄结构如表 2-26 所示。依据表 2-26 中的数据，对乙公司应收账款账龄情况进行分析。

表 2-26 乙公司 2021 年应收账款账龄结构表

账 龄	期 末		期 初		金额变动幅度/%
	金额/元	比重/%	金额/元	比重/%	
1 年以内	14 782 898 997.57	96.16	15 866 291 515.38	96.91	−6.83
1 至 2 年	375 162 087.58	2.44	229 118 450.58	1.40	63.74
2 至 3 年	78 361 353.76	0.51	91 169 887.74	0.56	−14.05
3 年以上	136 768 657.33	0.89	185 125 877.54	1.13	−26.12
应收账款余额	15 373 191 096.24	100.00	16 371 705 731.24	100.00	−6.10
坏账准备	742 172 698.81	4.83	441 681 444.57	2.70	68.03
应收账款净额	14 631 018 397.43	95.17	15 930 024 286.67	97.30	−8.15

分析应收账款账龄情况：2021 年期末和期初 1 年以内的应收账款比重分别为 96.16%和 96.91%，比重很高；1 至 2 年应收账款比重分别为 2.44%和 1.40%，2021 年增长了 63.74%；2 至 3 年应收账款比重分别为 0.51%和 0.56%；3 年以上应收账款比重分别为 0.89%和 1.13%，2021 年下降了 26.12%。由此可以看出，乙公司 2021 年应收账款账龄结构比较合理。

步骤 3 乙公司应收账款坏账计提方式有按单项计提和按组合计提两种。依据两种不同计提方式，分别对乙公司应收账款坏账准备情况进行分析。

（1）乙公司 2021 年应收账款按单项计提坏账准备的数据情况如表 2-27 所示。依据表 2-27 中的数据，对乙公司 2021 年应收账款按单项计提坏账准备的情况进行分析。

表 2-27 乙公司 2021 年应收账款按单项计提坏账准备的数据情况

时 点	应收账款金额/元	坏账准备金额/元	坏账计提比率/%
期初	1 737 051.69	1 737 051.69	100.00
期末	381 406 983.17	320 303 932.13	83.98

分析应收账款按单项计提坏账准备的情况：2021 年期末按单项计提坏账准备的应收账款账面余额为 381 406 983.17 元，坏账计提比率为 83.98%；期初按单项计提坏账准备的应收账款账面余额为 1 737 051.69 元，坏账计提比率为 100.00%。

（2）2021 年乙公司应收账款按组合计提坏账准备和同行业坏账计提比率的数据情况如表 2-28 所示。依据表 2-28 中的数据，对乙公司 2021 年应收账款按组合计提坏账准备的情况进行分析。

表 2-28　2021 年乙公司应收账款按组合计提坏账准备和同行业坏账计提比率的数据情况

账　龄	乙公司应收账款金额/元	乙公司坏账准备金额/元	乙公司坏账计提比率/%	同行业坏账计提比率/%
1 年以内	14 560 959 317.86	312 565 470.27	2.15	10.00
1 至 2 年	223 861 765.61	9 396 866.15	4.20	30.25
2 至 3 年	75 991 817.89	23 388 497.43	30.78	50.36
3 年以上	130 971 211.71	76 517 932.83	58.42	78.82
合计	14 991 784 113.07	421 868 766.68	2.81	25.63

分析应收账款按组合计提坏账准备的情况：1 年以内的应收账款坏账计提比率为 2.15%；1 至 2 年的应收账款坏账计提比率为 4.20%；2 至 3 年的应收账款坏账计提比率为 30.78%；3 年以上的应收账款坏账计提比率为 58.42%。由此可以看出，2021 年乙公司不同账龄的应收账款的坏账计提比率均低于同行业平均水平，分析人员应结合乙公司应收账款的实际情况对其坏账计提比率的合理性进行分析。

步骤 4　乙公司和同行业 2021 年应收账款周转率和周转期的数据情况如表 2-29 所示。依据表 2-29 中的数据，对乙公司应收账款周转速度进行分析。

表 2-29　乙公司和同行业 2021 年应收账款周转率和周转期的数据情况

比较对象	应收账款周转率/次	应收账款周转期/天
乙公司	14.89	24.51
同行业平均水平	10.99	33.21

分析应收账款周转速度：乙公司 2021 年应收账款周转率为 14.89 次，高于同行业平均水平，应收账款周转期为 24.51 天，低于同行业平均水平，说明乙公司应收账款周转率较高，周转期较短，周转速度较快。

班级____________ 姓名____________ 学号____________

项目实训

（一）实训要求

编制 E 公司 2022 年负债结构分析表，并对其负债结构及质量进行分析。

（二）实训内容

（1）E 公司 2022 年负债明细情况如表 2-30 所示。

表 2-30 E 公司 2022 年负债明细情况

单位：万元

项 目	期末金额	期初金额
流动负债：		
短期借款	66 000.00	54 990.00
应付账款	68 000.00	79 990.00
应付票据	24 000.00	12 000.00
应付职工薪酬	2 000.00	18 020.00
应交税费	1 000.00	500.00
流动负债合计	161 000.00	165 500.00
非流动负债：		
长期借款	168 000.00	110 020.00
应付债券	200 000.00	119 980.00
长期应付款	30 000.00	25 000.00
非流动负债合计	398 000.00	255 000.00
负债合计	559 000.00	420 500.00

（2）依据表 2-30 中的数据，填制 E 公司 2022 年负债结构分析表（见表 2-31），需分别计算负债各项目占负债总额的比重及其变动情况。

表 2-31 E 公司 2022 年负债结构分析表

单位：%

项 目	期末比重	期初比重	比重变动情况
流动负债：			
短期借款			
应付账款			

班级＿＿＿＿＿＿＿＿　姓名＿＿＿＿＿＿＿＿　学号＿＿＿＿＿＿＿＿

（续表）

项　目	期末比重	期初比重	比重变动情况
应付票据			
应付职工薪酬			
应交税费			
流动负债合计			
非流动负债：			
长期借款			
应付债券			
长期应付款			
非流动负债合计			
负债合计			

（3）依据表 2-31 中的数据，分析 E 公司 2022 年负债结构情况，并将分析结论填写到表 2-32 中。

表 2-32　E 公司 2022 年负债结构分析结论

分析内容	分析结论
流动负债结构	
非流动负债结构	
负债结构质量	

项目考核

（一）单项选择题

（1）（　　）又称结构分析，就是通过对企业资产负债表中各项目与总资产（或总权益）的对比，分析企业的资产构成、负债构成和所有者权益构成。

A．资产负债表水平分析　　B．资产负债表垂直分析

C．资产负债表质量分析　　D．资产负债表趋势分析

（2）资产负债表中所有者权益项目排列的依据是（　　）。

A．权益的顺序　　B．偿还的紧迫性

C．稳定程度　　D．流动性

（3）（　　）就是对现有债权按照欠款期长短进行分类，并分析判断可收回金额和坏账。

A．应收账款的规模分析　　B．应收账款的账龄分析

C．应收账款的坏账准备分析　　D．应收账款的周转性分析

（4）（　　）大致反映了企业从最初成立以来的自身积累规模。

A．实收资本　B．资本公积　C．其他综合收益　D．留存收益

（二）多项选择题

（1）一般来说，固流结构的类型包括（　　）。

A．保守型　B．适中型　C．冒险型　D．极端型

（2）资产与资本的对称结构中，稳定型对称结构的特点有（　　）。

A．流动资产的资金不仅来源于流动负债，而且还有一部分来源于非流动负债及所有者权益

B．低风险、高成本

C．适合各种企业，并被企业普遍采用

D．企业采用较少，这主要是因为该结构对企业要求较严格

（3）进行货币资金的规模质量分析时，需要考虑的因素主要有（　　）。

A．企业资产的规模与业务量

B．企业对货币资金的运用能力

C．货币资金的使用可能受到某些限制

D．企业的行业特点

（4）在物价持续上涨时，如果企业存货采取先进先出法，则（　　）。

A．期末存货余额和存货当前市场价值比较接近，对资产负债表的影响较小

B．期末存货余额和存货当前市场价值偏差较大，对资产负债表的影响较大

C．当期结转营业成本偏低，利润被高估

D．当期结转营业成本偏高，利润被低估

（三）判断题

（1）创造附加值低的企业（如商业企业），一般会保持较低的资产流动性。（　　）

（2）无形资产减值准备一经计提，在以后期间不得任意转回。（　　）

（3）真正影响企业财务风险的是那些流动性较高（强制性）的债务。（　　）

（4）一般而言，资产的规模越大，货币资金的规模也应越大；业务量越大，处于货币资金形态的资产就可能越少。（　　）

班级____________ 姓名____________ 学号____________

（四）思考题

（1）在进行资产负债表水平分析时，资产项目的分析评价应注意哪些方面？

（2）简述资产负债表质量分析的目的。

（五）计算分析题

F 公司 2022 年资产、负债和所有者权益的部分数据如表 2-33 所示。

表 2-33 F 公司 2022 年资产、负债和所有者权益的部分数据

单位：元

项 目	期末金额	期初金额
流动资产	45 503 949 943.31	49 260 880 194.44
非流动资产	6 788 815 702.91	5 958 568 048.56
流动负债	12 718 325 158.14	15 636 577 644.60
非流动负债	1 140 622 642.49	1 238 850 186.92
所有者权益	38 433 817 845.59	38 344 020 411.48

要求：判断 F 公司资产与资本对称结构的类型，分析其特点，并填写表 2-34。

表 2-34 F 公司资产与资本对称结构的类型及特点

类 型	判断依据	特 点

项目三

利润表分析

项目导读

利润表是反映企业一定会计期间经营成果的财务报表。通过分析利润表中企业经营业绩的主要来源和构成，会计信息使用者可以判断营业利润、利润总额及净利润的质量及其风险，预测营业利润、利润总额及净利润的持续性，从而做出正确的决策。

知识目标

- 了解利润表水平分析的目的，理解利润表水平分析表的编制和分析评价方法。
- 了解利润表垂直分析的目的，理解利润表垂直分析表的编制和分析评价方法。
- 了解利润表质量分析的目的，理解收入、成本费用和利润的质量分析内容。

技能目标

- 具有编制和分析评价企业利润表水平分析表的能力。
- 具有编制和分析评价企业利润表垂直分析表的能力。
- 具有分析企业利润表质量的能力。

素养目标

- 识别财务造假，保护投资者合法权益。

任务一 编制并分析利润表的水平分析表

任务导入

利润表记载了企业的收入、费用及利润，反映了企业在一定时期内的利润或亏损数额。分析人员通过将利润表各项目数值与选定的标准进行比较，可以揭示企业未来的发展前景或企业在同行业中的竞争地位，分析企业的经济效益及盈利能力，并评价企业的管理业绩。

小王阅读了甲公司近几年利润表，希望通过分析近几年利润表各项目的变动差异及原因，揭示甲公司的财务成果情况，以作为经营管理者未来决策的依据。

本任务的知识和技能要求如表 3-1 所示。

表 3-1　知识和技能要求

类　型	具体内容	学习程度		
		了解	理解	应用
知识要求	利润表水平分析的目的	●		
	利润表水平分析表的编制		●	
	利润表水平分析表的分析评价		●	
技能要求	编制并分析甲公司利润表水平分析表			●

班级____________ 姓名____________ 学号____________

任务工单

（一）任务描述

以基期标准作为比较标准，运用水平分析法对甲公司利润表进行水平分析，揭示营业利润、利润总额及净利润的变动差异，分析其变化原因及企业在利润形成过程中的管理业绩和存在的问题，从而评价企业财务成果。

（二）任务分工

以 3～5 人为一组进行分组，每组设组长 1 名，小组讨论任务分工并将分工情况填写到表 3-2 中。

表 3-2 小组成员及分工情况

小组成员	姓 名	学 号	任务分工
组长			
组员			

（三）任务准备

在进入具体操作前，请各组长组织组员观看“初识利润表”的预习视频，并收集和整理以下相关资料，进行讨论分析。

初识利润表

（1）利润表的性质和作用是什么？

（2）利润表的格式和基本结构是什么样的？

班级____________　姓名____________　学号____________

（3）利润表水平分析的目的是什么？

（四）任务实施

（1）下载甲公司2021年利润表（见本书配套素材“素材与实例”→“甲公司”→“甲公司2021年利润表.xlsx”）。

（2）依据甲公司2021年利润表填写表3-3，需分别计算各个项目的增减变动额和增减变动率。

表3-3　甲公司2021年利润表水平分析表

项　目	2021年度金额/万元	2020年度金额/万元	增减变动额/万元	增减变动率/%
一、营业收入				
减：营业成本				
税金及附加				
销售费用				
管理费用				
研发费用				
财务费用				
加：其他收益				
投资收益（损失以“–”号填列）				
公允价值变动收益（损失以“–”号填列）				
信用减值损失（损失以“–”号填列）				
资产减值损失（损失以“–”号填列）				
资产处置收益（损失以“–”号填列）				
二、营业利润（亏损以“–”号填列）				
加：营业外收入				
减：营业外支出				
三、利润总额（亏损总额以“–”号填列）				

班级____________　　姓名____________　　学号____________

（续表）

项　目	2021 年度金额/万元	2020 年度金额/万元	增减变动额/万元	增减变动率/%
减：所得税费用				
四、净利润（净亏损以“-”号填列）				
五、其他综合收益的税后净额				
六、综合收益总额				

（3）依据表 3-3 中的数据，分析甲公司营业利润、利润总额和净利润的变动差异及其变化原因，并简单评价甲公司 2021 年财务成果情况，然后将分析结论填写到表 3-4 中。

表 3-4　甲公司 2021 年利润表水平分析结论

分析内容	分析结论
营业利润的变动差异及其变化原因	
利润总额的变动差异及其变化原因	
净利润的变动差异及其变化原因	
财务成果情况	

班级________ 姓名________ 学号________

（五）任务评价

各组派代表展示任务实施成果，并配合指导老师完成表 3-5 所示的任务评价表。

表 3-5 任务评价表

<table>
<tr><th rowspan="2">评价项目</th><th rowspan="2">评价内容</th><th colspan="4">评价分数</th></tr>
<tr><th>分值</th><th>自评</th><th>组评</th><th>师评</th></tr>
<tr><td rowspan="3">职业素养考核目标（40%）</td><td>考勤、仪容仪表</td><td>10 分</td><td></td><td></td><td></td></tr>
<tr><td>责任意识、纪律意识</td><td>10 分</td><td></td><td></td><td></td></tr>
<tr><td>团队合作与交流</td><td>20 分</td><td></td><td></td><td></td></tr>
<tr><td rowspan="3">专业能力考核目标（60%）</td><td>任务准备过程记录及讨论的完成度</td><td>20 分</td><td></td><td></td><td></td></tr>
<tr><td>任务实施过程记录的完成度</td><td>20 分</td><td></td><td></td><td></td></tr>
<tr><td>任务实施成果的展示效果</td><td>20 分</td><td></td><td></td><td></td></tr>
<tr><td rowspan="2">合计</td><td>综合分数______自评（25%）+组评（25%）+师评（50%）</td><td>100 分</td><td></td><td></td><td></td></tr>
<tr><td>综合等级______</td><td colspan="4">指导老师签字__________</td></tr>
<tr><td>综合评价</td><td colspan="5"></td></tr>
</table>

一、利润表水平分析的目的

利润表水平分析的目的，在于通过对企业分析期利润表各项目的数值与选定的标准进行对比分析，以揭示利润表各项目的比较差异，并分析营业利润、利润总额和净利润产生差异的原因，继而分析评价企业在利润形成过程中的管理业绩及存在的问题，并预测企业未来的盈利水平和发展趋势。

二、利润表水平分析表的编制

利润表水平分析表的编制，是将分析期的利润表各项目的数值与选定的标准进行比较，然后计算各个项目的增减变动额和增减变动率。

三、利润表水平分析表的分析评价

利润表的水平分析应重点关注营业利润、利润总额、净利润的变动情况，分析其变动的原因及合理性，并由此评价企业的盈利水平和未来发展趋势。

（一）营业利润分析

营业利润是企业在生产经营活动中实现的经营性利润，是企业利润的核心部分，反映了企业自身经营管理水平和效果，其计算公式为

营业利润＝营业收入－营业成本－税金及附加－销售费用－管理费用－研发费用－财务费用＋其他收益＋投资收益＋公允价值变动收益－信用减值损失－资产减值损失＋资产处置收益　　（3-1）

分析营业利润的变动，主要考虑的影响因素有：① 营业毛利（营业收入与营业成本的差额）的变动；② 期间费用的变动；③ 资产减值损失的变动；④ 投资收益的变动。在分析时，应重点分析变动幅度较大的项目，利用企业年报中报表附注内容分析各项目变动的合理性，判断是否有人为调整利润的行为。例如，资产减值损失的大幅增加，既可能是企业资产发生大幅减值引起的，也可能是企业为下一年度盈利提前进行的人为调整。

课堂讨论

为什么说营业利润是企业利润的核心，如何对企业的营业利润进行分析？

（二）利润总额分析

利润总额更加全面地反映了企业的财务成果，不仅包括企业在日常经营活动中产生的财务成果，也包括在偶发的交易或事项等非日常经营活动中产生的财务成果，其计算公式为

$$利润总额=营业利润+营业外收入-营业外支出 \tag{3-2}$$

一般来说，利润总额的变动主要是由营业利润的变动和营业外收支的变动引起的，营业外收支与企业的日常经营活动无关，因此，如果企业利润总额的变动绝大多数是由营业外收支的变动引起的，分析人员应引起注意，并分析其产生的原因。

（三）净利润分析

净利润是指企业所有者最终取得的财务成果，是可供企业所有者分配或使用的财务成果，其计算公式为

$$净利润=利润总额-所得税费用 \tag{3-3}$$

一般企业的所得税税率不发生变动，所得税费用主要也受利润总额的影响，因此，对于净利润的变动原因分析，实际就是对利润总额的变动及其原因进行分析。

知识拓展

综合收益总额

综合收益总额就是净利润和其他综合收益扣除所得税影响后的净额相加的合计金额。其中，其他综合收益是指企业根据会计准则规定未在当期损益中确认的各项利得和损失。

任务拓展　编制并分析乙公司利润表水平分析表

步骤1 下载乙公司 2021 年利润表（见本书配套素材“素材与实例”→“乙公司”→“乙公司 2021 年利润表.xlsx”）。

步骤2 依据乙公司 2021 年利润表填写表 3-6，需分别计算各个项目的增减变动额和增减变动率。

以“营业收入”项目为例，计算过程如下，其他各个项目参照计算即可。

$$营业收入增减变动额=22\ 755\ 614.36-20\ 972\ 343.01=1\ 783\ 271.35（万元）$$

$$营业收入增减变动率=\frac{22\ 755\ 614.36-20\ 972\ 343.01}{20\ 972\ 343.01}\times100\%\approx8.50\%$$

表 3-6　乙公司 2021 年利润表水平分析表

项　目	2021 年度金额/万元	2020 年度金额/万元	增减变动额/万元	增减变动率/%
一、营业收入	22 755 614.36	20 972 343.01	1 783 271.35	8.50
减：营业成本	15 648 265.74	14 747 192.23	901 073.51	6.11

（续表）

项　目	2021 年度金额/万元	2020 年度金额/万元	增减变动额/万元	增减变动率/%
二、营业毛利	7 107 348.62	6 225 150.78	882 197.84	14.17
减：税金及附加	80 697.86	66 060.26	14 637.60	22.16
销售费用	3 655 366.70	3 364 171.11	291 195.59	8.66
管理费用	1 044 447.57	1 005 264.54	39 183.03	3.90
研发费用	835 733.29	685 286.14	150 447.15	21.95
财务费用	68 636.50	119 619.93	−50 983.43	−42.62
加：其他收益	95 750.05	115 084.82	−19 334.77	−16.80
投资收益（损失以“−”号填列）	240 310.26	406 010.42	−165 700.16	−40.81
公允价值变动收益（损失以“−”号填列）	11 927.76	6 262.97	5 664.79	90.45
信用减值损失（损失以“−”号填列）	−52 029.99	−16 638.06	−35 391.93	−212.72
资产减值损失（损失以“−”号填列）	−141 875.36	−133 563.05	−8 312.31	−6.22
资产处置收益（损失以“−”号填列）	11 098.37	−1 280.76	12 379.13	966.55
三、营业利润（亏损以“−”号填列）	1 587 647.79	1 360 625.14	227 022.65	16.69
加：营业外收入	19 879.33	21 024.55	−1 145.22	−5.45
减：营业外支出	15 924.08	24 191.82	−8 267.74	−34.18
四、利润总额（亏损总额以“−”号填列）	1 591 603.04	1 357 457.87	234 145.17	17.25
减：所得税费用	269 896.34	223 312.65	46 583.69	20.86
五、净利润（净亏损以“−”号填列）	1 321 706.70	1 134 145.22	187 561.48	16.54
六、其他综合收益的税后净额	−14 811.00	−257 619.78	242 808.78	94.25
七、综合收益总额	1 306 895.70	876 525.44	430 370.26	49.10

步骤 3 依据表 3-6 中的数据，分析乙公司 2021 年营业利润、利润总额、净利润和综合收益总额的变动差异及其变化原因，并简单评价乙公司 2021 年财务成果情况。

（1）分析营业利润的变动差异及其变化原因：乙公司 2021 年的营业利润相较于 2020 年增加了 227 022.65 万元，增长了 16.69%。究其主要原因是营业毛利增长了 14.17%（营业收入增加了 1 783 271.35 万元，增长了 8.50%；营业成本增加了 901 073.51 万元，增长了 6.11%）。期间费用中，销售费用增长了 8.66%，略高于营业收入的增长速度；管理费用增长了 3.90%，低于营业收入的增长速度；财务费用下降了 42.62%；研发费用增加了 150 447.15 万元，增长了 21.95%，说明乙公司非常重视研发投入。此外，资产处置收益和公允价值变动收益增长速度较快，分别增长了966.55%和 90.45%；投资收益减少了165 700.16万元，下降了40.81%；信用减值损失减少了35 391.93万元，下降了212.72%；分析人员应引起注意，关注企业的投资效益和投资风险，以及加强企业应收款项的管理。

（2）分析利润总额的变动差异及其变化原因：利润总额增加了234 145.17万元，增长了17.25%，略高于营业利润增长率。究其主要原因是营业外支出减少了8 267.74万元，下降了34.18%。

（3）分析净利润的变动差异及其变化原因：净利润增加了 187 561.48 万元，增长了16.54%，略低于利润总额的增长，主要是由于所得税费用增长了20.86%。

（4）分析综合收益总额的变动差异及其变化原因：综合收益总额增加了430 370.26万元，增长了49.10%，远高于净利润的增长，主要是由于其他综合收益的税后净额增加了242 808.78万元，增长了94.25%。

（5）分析评价财务成果：综上所述，乙公司2021年营业利润、利润总额和净利润增长基本持平，说明乙公司整体的财务成果主要来源于其核心的营业利润，乙公司经营效益比较稳定、可持续性强（分析人员可结合近几年数据进行趋势分析，进一步判断乙公司财务成果的可持续性）。

素养之窗

2022年3月2日，某上市公司收到了上交所下发的《关于某上市公司股票停牌以及终止上市相关事项的监管工作函》（以下简称《监管工作函》）。《监管工作函》称，根据证监会作出的《行政处罚决定书》，该公司2018年度和2019年度虚增营业收入，追溯调整后，2018年、2019年连续两个会计年度营业收入均低于人民币1 000万元，且该公司2020年营业收入也低于人民币1 000万元，并被会计师事务所出具了保留意见的审计报告。上述事实显示，该公司2018年度至2020年度的财务指标实际已触及上交所原《上市公司重大违法强制退市实施办法》规定的重大违法强制退市情形。

根据《行政处罚决定书》，该公司2018年、2019年年度报告存在虚假记载，包括虚增2018年营业收入1 338.54万元、利润总额129.11万元，占当年披露营业收入的100%、利润总额绝对值的5.24%；虚增2019年营业收入572.36万元、营业外收入7 590万元、利润总额7 924.82万元，虚增营业收入、利润总额分别占当年披露营业收入和利润总额的55.13%、253.78%。

分析人士认为，该公司重大违法强制退市，体现了监管部门坚决执行退市新规，对财务造假“零容忍”的决心，将成为退市制度改革后畅通“出口关”的又一标志性事件。

任务二　编制并分析利润表的垂直分析表

任务导入

企业营业利润、利润总额及净利润的结构水平及其变动情况，决定了企业盈利的稳定性和可持续性。于是，小王对甲公司近几年利润表进行垂直分析，以便对甲公司近几年财务成果做出进一步分析评价，以作为经营管理者未来决策的依据。

本任务的知识和技能要求如表 3-7 所示。

表 3-7　知识和技能要求

类　型	具体内容	学习程度		
		了解	理解	应用
知识要求	利润表垂直分析的目的	●		
	利润表垂直分析表的编制		●	
	利润表垂直分析表的分析评价		●	
技能要求	编制并分析甲公司利润表垂直分析表			●

班级＿＿＿＿＿＿　姓名＿＿＿＿＿＿　学号＿＿＿＿＿＿

任务工单

（一）任务描述

运用垂直分析法对甲公司利润表进行垂直分析，揭示营业利润、利润总额及净利润的结构及变动情况，分析其变化的原因，并据以简单评价企业盈利的稳定性和可持续性。

（二）任务分工

以 3～5 人为一组进行分组，每组设组长 1 名，小组讨论任务分工并将分工情况填写到表 3-8 中。

表 3-8　小组成员及分工情况

小组成员	姓　名	学　号	任务分工
组长			
组员			

（三）任务准备

在进入具体操作前，请各组长组织组员观看“利润表垂直分析的目的及内容”的预习视频，并收集和整理以下相关资料，进行讨论分析。

利润表垂直分析的目的及内容

（1）利润表垂直分析的目的是什么？

（2）利润表垂直分析的主要内容是什么？

班级____________ 姓名____________ 学号____________

（四）任务实施

（1）下载甲公司2021年利润表（见本书配套素材“素材与实例”→“甲公司”→“甲公司2021年利润表.xlsx”）。

（2）依据甲公司2021年利润表填写表3-9，需分别计算利润表中各项目占营业收入的比重及比重变动情况。

表3-9 甲公司2021年利润表垂直分析表

项 目	2021年度		2020年度		比重变动情况/%
	金额/万元	比重/%	金额/万元	比重/%	
一、营业收入					
减：营业成本					
税金及附加					
销售费用					
管理费用					
研发费用					
财务费用					
加：其他收益					
投资收益（损失以“–”号填列）					
公允价值变动收益（损失以“–”号填列）					
信用减值损失（损失以“–”号填列）					
资产减值损失（损失以“–”号填列）					
资产处置收益（损失以“–”号填列）					
二、营业利润（亏损以“–”号填列）					
加：营业外收入					
减：营业外支出					
三、利润总额（亏损总额以“–”号填列）					
减：所得税费用					
四、净利润（净亏损以“–”号填列）					
五、其他综合收益的税后净额					
六、综合收益总额					

班级__________ 姓名__________ 学号__________

（3）依据表 3-9 中的数据，分析 2021 年和 2020 年甲公司营业利润、利润总额和净利润的结构，并对财务成果情况进行评价，然后将分析结论填写到表 3-10 中。

表 3-10 甲公司 2021 年利润表垂直分析结论

分析内容	分析结论
营业利润结构	
利润总额结构	
净利润结构	
财务成果情况	

班级__________ 姓名__________ 学号__________

（五）任务评价

各组派代表展示任务实施成果，并配合指导老师完成表 3-11 所示的任务评价表。

表 3-11 任务评价表

评价项目	评价内容	评价分数			
		分值	自评	组评	师评
职业素养考核目标（40%）	考勤、仪容仪表	10 分			
	责任意识、纪律意识	10 分			
	团队合作与交流	20 分			
专业能力考核目标（60%）	任务准备过程记录及讨论的完成度	20 分			
	任务实施过程记录的完成度	20 分			
	任务实施成果的展示效果	20 分			
合计	综合分数______自评（25%）+组评（25%）+师评（50%）	100 分			
	综合等级______	指导老师签字__________			
综合评价					

一、利润表垂直分析的目的

利润表垂直分析的目的，在于通过计算分析期利润表中各项目占营业收入的比重，以揭示利润表各项收入、成本费用及利润的结构，分析企业营业利润、利润总额及净利润的结构水平及其变动情况，继而分析企业盈利的稳定性和可持续性，并判断企业盈利趋势。

二、利润表垂直分析表的编制

利润表垂直分析表（又称共同比利润表）的编制，就是在利润表的基础上，分别计算出利润表中各项目占营业收入的比重，然后以此作为进一步分析评价的依据。

三、利润表垂直分析表的分析评价

利润表的垂直分析应区分利润表各项目的重要程度，分析主要项目及变动较大项目对利润的影响方向及程度，重点关注利润来源，并判断营业利润、利润总额、净利润的结构比重及其变动情况和变动原因。

任务拓展　编制并分析乙公司利润表垂直分析表

步骤 1 下载乙公司 2021 年利润表（见本书配套素材“素材与实例”→“乙公司”→“乙公司 2021 年利润表.xlsx”）。

步骤 2 依据乙公司 2021 年利润表填写表 3-12，需分别计算利润表中各个项目占营业收入的比重及比重变动情况。

以“营业成本”项目为例，计算过程如下，其他各个项目参照计算即可。

$$2021\text{年度营业成本所占比重}=\frac{15\ 648\ 265.74}{22\ 755\ 614.36}\times 100\%\approx 68.77\%$$

$$2020\text{年度营业成本所占比重}=\frac{14\ 747\ 192.23}{20\ 972\ 343.01}\times 100\%\approx 70.32\%$$

$$\text{营业成本比重变动情况}=68.77\%-70.32\%=-1.55\%$$

表 3-12　乙公司 2021 年利润表垂直分析表

项　目	2021 年度		2020 年度		比重变动情况/%
	金额/万元	比重/%	金额/万元	比重/%	
一、营业收入	22 755 614.36	100.00	20 972 343.01	100.00	0.00
减：营业成本	15 648 265.74	68.77	14 747 192.23	70.32	−1.55
二、营业毛利	7 107 348.62	31.23	6 225 150.78	29.68	1.55
减：税金及附加	80 697.86	0.35	66 060.26	0.31	0.04
销售费用	3 655 366.70	16.06	3 364 171.11	16.04	0.02
管理费用	1 044 447.57	4.59	1 005 264.54	4.79	−0.20
研发费用	835 733.29	3.67	685 286.14	3.27	0.40
财务费用	68 636.50	0.30	119 619.93	0.57	−0.27
加：其他收益	95 750.05	0.42	115 084.82	0.55	−0.13
投资收益（损失以“−”号填列）	240 310.26	1.06	406 010.42	1.94	−0.88
公允价值变动收益（损失以“−”号填列）	11 927.76	0.05	6 262.97	0.03	0.02
信用减值损失（损失以“−”号填列）	−52 029.99	−0.23	−16 638.06	−0.08	−0.15
资产减值损失（损失以“−”号填列）	−141 875.36	−0.62	−133 563.05	−0.64	0.02
资产处置收益（损失以“−”号填列）	11 098.37	0.05	−1 280.76	−0.01	0.06
三、营业利润（亏损以“−”号填列）	1 587 647.79	6.98	1 360 625.14	6.49	0.49
加：营业外收入	19 879.33	0.09	21 024.55	0.10	−0.01
减：营业外支出	15 924.08	0.07	24 191.82	0.12	−0.05
四、利润总额（亏损总额以“−”号填列）	1 591 603.04	6.99	1 357 457.87	6.47	0.52
减：所得税费用	269 896.34	1.19	223 312.65	1.06	0.13
五、净利润（净亏损以“−”号填列）	1 321 706.70	5.81	1 134 145.22	5.41	0.40
六、其他综合收益的税后净额	−14 811.00	−0.07	−257 619.78	−1.23	1.16
七、综合收益总额	1 306 895.70	5.74	876 525.44	4.18	1.56

步骤 3 依据表 3-12 中的数据，分析乙公司 2021 年和 2020 年营业利润、利润总额、净利润和综合收益总额的结构，并简单评价乙公司 2021 年和 2020 年财务成果情况。

（1）分析营业利润结构：乙公司 2021 年和 2020 年营业利润比重分别为 6.98%和 6.49%，提高了 0.49%。究其主要原因是营业毛利比重由 2020 年的 29.68%提高到 2021 年的 31.23%（营业成本比重由 2020 年的 70.32%下降到 2021 年的 68.77%）。此外，期间费用、投资收益、资产减值损失等项目的比重变化幅度不大。

（2）分析利润总额结构：2021 年和 2020 年利润总额比重分别为 6.99%和 6.47%，提高了 0.52%。究其主要原因是营业利润比重提高了 0.49%，而企业营业外收支的比重基本持平。

（3）分析净利润结构：2021 年和 2020 年净利润比重分别为 5.81%和 5.41%，提高了 0.40%。究其主要原因是营业利润和利润总额比重分别提高了 0.49%和 0.52%。

（4）分析综合收益总额结构：2021 年和 2020 年综合收益总额比重分别为 5.74%和 4.18%，提高了 1.56%，主要是由于其他综合收益的税后净额比重提高了 1.16%。

（5）分析评价财务成果：综上所述，乙公司 2021 年和 2020 年营业利润、利润总额和净利润结构比重相差不大，说明乙公司财务成果主要来源于其核心的营业利润，且 2021 年相较于 2020 年营业利润、利润总额和净利润结构比重变化幅度不大，说明乙公司 2021 年经营效益比较稳定、可持续性强（分析人员可结合近几年数据进行趋势分析，进一步判断乙公司财务成果的可持续性）。

任务三 分析利润表的质量

任务导入

利润表质量分析对于判断一个企业的利润质量及揭示企业经营管理中存在的问题都有重要的作用。于是，小王通过对甲公司近几年收入、成本费用和利润的质量进行分析，揭示甲公司近几年收入及利润的持续稳定性，以及成本费用变动的合理性和经营管理中存在的问题，以作为经营管理者未来决策的依据。

本任务的知识和技能要求如表 3-13 所示。

表 3-13 知识和技能要求

类 型	具体内容	学习程度		
		了解	理解	应用
知识要求	利润表收入质量分析内容		●	
	利润表成本费用质量分析内容		●	
	利润表利润质量分析内容		●	
技能要求	分析甲公司的收入质量			●

班级________ 姓名________ 学号________

任务工单 »

（一）任务描述

对甲公司收入质量进行分析，揭示其收入结构的稳定性，并分析评价其主营业务收入的品种构成和地区构成。

（二）任务分工

以 3～5 人为一组进行分组，每组设组长 1 名，小组讨论任务分工并将分工情况填写到表 3-14 中。

表 3-14　小组成员及分工情况

小组成员	姓　名	学　号	任务分工
组长			
组员			

（三）任务准备

在进入具体操作前，请各组长组织组员观看“收入质量分析相关知识”的预习视频，并收集和整理以下相关资料，进行讨论分析。

收入质量分析相关知识

（1）收入结构分析指的是什么？

（2）主营业务收入的品种构成分析指的是什么？

班级＿＿＿＿＿＿　姓名＿＿＿＿＿＿　学号＿＿＿＿＿＿

（3）主营业务收入的地区构成分析指的是什么？

（四）任务实施

（1）下载甲公司 2021 年利润表（见本书配套素材“素材与实例”→“甲公司”→“甲公司 2021 年利润表.xlsx”）。

（2）依据甲公司 2021 年利润表填写表 3-15，需分别计算各收入项目占总收入的比重。甲公司 2021 年营业收入的相关数据情况如表 3-16 所示。依据表 3-15 和表 3-16 中的数据，对甲公司 2021 年的收入结构进行分析。

表 3-15　甲公司 2021 年总收入结构分析

项　目	2021 年度		2020 年度	
	金额/万元	比重/%	金额/万元	比重/%
营业收入				
其他收益				
投资收益				
公允价值变动收益				
资产处置收益				
营业外收入				
收入合计				

表 3-16　甲公司 2021 年营业收入结构分析

项　目	2021 年度		2020 年度	
	金额/万元	比重/%	金额/万元	比重/%
主营业务收入	14 484 053.76	77.10	13 042 776.65	77.54
其他业务收入	4 302 833.73	22.90	3 777 143.79	22.46
合计	18 786 887.49	100.00	16 819 920.44	100.00

分析评价：

① 分析总收入结构：

班级____________　　姓名____________　　学号____________

② 分析营业收入结构：

（3）下载甲公司 2021 年主营业务收入的数据情况（见本书配套素材“素材与实例”→“甲公司”→“甲公司 2021 年主营业务收入的数据情况.docx”），依据所下载的数据填制甲公司 2021 年主营业务收入结构分析表（见表 3-17），并对甲公司 2021 年主营业务收入的品种构成情况和地区构成情况进行分析。

表 3-17　甲公司 2021 年主营业务收入结构分析表

项　目	2021 年度		2020 年度	
	金额/万元	比重/%	金额/万元	比重/%
按商品类型分类				
其中：空调				
生活电器				
工业制品				
智能装备				
绿色能源				
其他				
合计				
按地区分类				
其中：内销				
外销				
合计				

分析评价：

① 分析主营业务收入品种构成：

② 分析主营业务收入地区构成：

班级______ 姓名______ 学号______

（五）任务评价

各组派代表展示任务实施成果，并配合指导老师完成表 3-18 所示的任务评价表。

表 3-18 任务评价表

<table>
<tr><th rowspan="2">评价项目</th><th rowspan="2">评价内容</th><th colspan="4">评价分数</th></tr>
<tr><th>分值</th><th>自评</th><th>组评</th><th>师评</th></tr>
<tr><td rowspan="3">职业素养考核目标（40%）</td><td>考勤、仪容仪表</td><td>10 分</td><td></td><td></td><td></td></tr>
<tr><td>责任意识、纪律意识</td><td>10 分</td><td></td><td></td><td></td></tr>
<tr><td>团队合作与交流</td><td>20 分</td><td></td><td></td><td></td></tr>
<tr><td rowspan="3">专业能力考核目标（60%）</td><td>任务准备过程记录及讨论的完成度</td><td>20 分</td><td></td><td></td><td></td></tr>
<tr><td>任务实施过程记录的完成度</td><td>20 分</td><td></td><td></td><td></td></tr>
<tr><td>任务实施成果的展示效果</td><td>20 分</td><td></td><td></td><td></td></tr>
<tr><td rowspan="2">合计</td><td>综合分数______自评（25%）+组评（25%）+师评（50%）</td><td>100 分</td><td></td><td></td><td></td></tr>
<tr><td>综合等级______</td><td colspan="4">指导老师签字______</td></tr>
<tr><td>综合评价</td><td colspan="5"></td></tr>
</table>

一、收入质量分析

（一）收入结构分析

收入结构是指不同性质的收入占总收入的比重。全部收入包括经常性收入和非经常性收入。其中，经常性收入（如营业收入）具有可持续发展能力，其占总收入的比重越大，说明企业经营可持续能力越强，企业整体经营越趋于健康正常的状态。而投资收益和营业外收入等非经常性收入，具有偶然性，其比重不宜过高。

提　示

此外，还应关注有效收入的比重。由于会计上收入是依据权责发生制的原则来确认的，则可能会出现财务报表中收入已经确认，但是款项未收到甚至出现坏账，这种收入实际上是无效收入。企业应提高有效收入的比重，以提高收入的质量。

（二）主营业务收入分析

营业收入包括主营业务收入和其他业务收入。主营业务收入是指企业经常性的、主要业务所产生的收入，主营业务收入分析对评价企业收入的持续稳定性具有重要意义。分析时，应关注以下几个方面。

1. 主营业务收入的品种构成

很多企业通过多元化经营，以扩大市场份额和分散经营风险。因此，需要了解企业不同类型商品或劳务的主营业务收入构成。占主营业务收入比重大的商品或劳务是企业过去业绩的主要增长点，分析人员可以通过对其成长性和波动性的分析，初步判断企业主营业绩的持续性，进而预测企业的未来发展趋势。占主营业务收入比重大的商品或劳务的收入成长性越高、波动性越小，收入可持续性越强。需要注意的是，如果企业商品或劳务的主营业务收入的类型构成过于集中，即对某一类商品或劳务的收入过度依赖，会加大企业的经营风险。

2. 主营业务收入的地区构成

通过对企业不同地区主营业务收入构成分析，可以了解企业的市场布局和客户分布情况。主营业务收入占比较大的地区是企业过去业绩的主要地区增长点。而从消费者的心理与行为表现来看，不同地区的消费者具有不同的偏好，决定了不同地区市场潜力的差异，市场潜力则在很大程度上制约着企业未来的发展。

提　示

对于集团化企业来说，集团内各个企业之间有可能发生关联方交易。由于关联方之间的密切联系，除了企业间正常交易的成分，关联方之间有可能为“包装”，而人为制造一些业务。因此，分析人员须关注以关联方为主体形成的营业收入在交易价格、交易的实现时间等方面的非市场化因素。持续稳定的收入应主要来源于非关联方交易。

（三）收入操纵的常见手法

收入操纵是企业最常见的粉饰报表的方法，收入操纵的常见手法如表 3-19 所示。

表 3-19　收入操纵的常见手法

收入操纵手法	主要表现
寅吃卯粮，透支未来收入	利用补充协议，隐瞒风险和报酬尚未转移的事实；填塞分销渠道，刺激经销商提前购货
以丰补歉，储备当期收入	将本应在当期确认的收入推迟至以后期间确认，并将当期储备的收入在以后经营陷入困境的年份予以释放
鱼目混珠，伪装收入性质	将投资收益、补贴收入和营业外收入等收益项目包装成主营业务收入，歪曲利润结构，夸大企业创造经营收入和经营性现金流量的能力
张冠李戴，歪曲分部收入	企业为了掩盖某些经营分部营业收入的下降趋势，将其他分部的收入挪借给收入不足的经营分部
借鸡生蛋，夸大收入规模	代理代销业务分为买断式和非买断式两种。对于买断式的代理代销业务，代理方或受托方应当按代理代销总额确认收入。对于非买断式的代理代销业务，代理方或受托方应当按代理可望收取的净额（如代理佣金）确认收入。一些企业为了夸大收入，将本应采用净额反映的业务，改按总额法反映
瞒天过海，虚构经营收入	一些企业采用瞒天过海的招数，策划了一系列不合乎商业逻辑的交易，人为地通过“应收票据”“应收账款”等账户虚构经营收入
里应外合，相互抬高收入	借助循环交易虚构收入规模，即卖方在向买方出售商品或提供劳务的同时，又按与售价完全一致或十分接近的价格向买方购入资产。出售的商品或提供的劳务立即确认为收入，而向对方买入的资产一般则作为资本性支出，列为固定资产或无形资产，从而达到加速确认收入和利润的目标
六亲不认，隐瞒关联收入	一些企业蓄意隐瞒关联关系，暗度陈仓，将关联交易所产生的收入包装成独立交易的收入，以达到粉饰报表的目的
随心所欲，篡改收入分配	以捆绑销售的方式进行交易时，一些企业随意改变收入分配所运用的假设，低估融资收入和服务收入，夸大产品销售收入，以达到分析师的盈利预测

二、成本费用质量分析

（一）营业成本质量分析

从企业利润的形成过程来看，企业的营业收入减去营业成本后的余额为营业毛利。追求一定规模的营业毛利和较高的营业毛利率是企业的普遍心态，一般而言，营业成本相对营业收入增幅较大的企业，其盈利前景堪忧。因此，企业可以通过改善生产工艺、降低材料单耗、合理选择供货渠道、规划采购批量等手段来降低和控制营业成本水平。

提　示

需要强调的是，应格外关注期末存货余额与营业成本之间相对规模的异常波动。以制造业企业为例，企业的期末存货余额与营业成本之间往往存在此消彼长的关系，否则，可能是企业出于某种动机，通过“低转成本”（或“高转成本”）而虚增利润（或降低利润）。

（二）期间费用质量分析

对企业来说，期间费用直接影响当期利润的大小。在其他条件既定的情况下，期间费用越大，利润越少。但是，大部分期间费用在规模上是相对固定的，如果盲目压缩控制，可能会影响企业的发展。因此，在分析期间费用质量时，不仅要分析各项期间费用发生的规模，还要关注其带来的效益。

1. 销售费用质量分析

销售费用质量分析应根据销售费用不同的构成内容，具体问题具体分析。例如，与企业的未来发展、开拓市场、扩大企业品牌的知名度有关的营销人员薪酬、广告费等，分析时，既要考虑企业的承受力和广告效果，又要考虑对其严格控制或降低所带来的不利影响。一般情况下，销售费用与营业收入存在一定的配比关系，可以通过计算销售费用与营业收入的比率，并将其与行业平均水平及本企业历史水平进行比较，分析销售费用的合理性及变化趋势。

2. 管理费用质量分析

企业管理效率的提高，可以实现管理费用的有效控制。但是，不能片面追求一定时期内管理费用（如业务招待费、管理人员工资及福利费、技术开发费等）的降低，否则对企业的长期发展不利。和销售费用类似，可以分析管理费用与营业收入之间的变动关系及变化趋势，判断管理费用的合理性及变化趋势。

3. 财务费用质量分析

财务费用分析应与企业资本结构分析结合，分析时注意利息费用是应计入资产还是计入财务费用。即一方面要观察借款费用中应予以资本化的部分，企业是否对其费用化处理以虚减资产和利润；另一方面要观察借款费用中应计入财务费用的部分，企业是否对其资本化处理以虚增资产和利润。此外，还应关注企业财务费用赤字问题和汇兑损益问题。

提　示

财务费用赤字一般表现为利息收入大于利息支出。利息收入是指企业将闲置资金存入银行所获得的收益。一般情况下，银行存款利息率会低于企业的投资收益率，因此，对于非金融机构企业来说，除保持必要的流动资金外，将资金过多地存放在银行，说明企业资金运用效率低下。

汇兑损益是指企业发生的外币业务在折合为记账本位币时，由于记账时间的不同和汇率的变动而产生的折合为记账本位币的差额。企业虽无法控制汇率的变化，但可以通过对汇率变化的预测，及时调整相关外汇资产，合理安排外汇负债期限，尽量减少汇兑损失，增加外汇收益。

（三）成本费用操纵的常见手法

企业为了达到一定的盈利目标，有时也会对成本费用进行操纵来粉饰财务报表。成本费用操纵的常见手法有：① 不结转已销产品成本；② 随意改变结转产品销售成本的方法；③ 期间费用转作待摊费用处理；④ 不按规定摊销无形资产和开办费；⑤ 将费用资本化或推迟确认；⑥ 把对外投资的支出计入成本费用项目中；⑦ 忽略或隐瞒或有负债。

三、利润质量分析

（一）利润的持续稳定性分析

利润是企业创造价值的最主要来源，是衡量企业绩效的主要指标之一。从利润的持久性、稳定性角度，营业利润的质量高于非营业利润。因此，一个企业应主要从营业利润的状态、规模和结构比重来分析利润的质量。如果一个企业的利润总额和净利润主要是由非营业利润获得的，则企业利润实现的真实性和可持续性应引起分析人员的重视。企业六种典型的利润状态如表 3-20 所示。

表 3-20　企业六种典型的利润状态

项　目	类　型					
	A	B	C	D	E	F
营业毛利	亏损	亏损	盈利	盈利	盈利	盈利
营业利润	亏损	亏损	亏损	亏损	盈利	盈利
利润总额	亏损	盈或亏	亏损	盈或亏	亏损	盈利
净利润	亏损	盈或亏	亏损	盈或亏	亏损	盈利
说明	接近破产状态		如果这种状态持续下去，将会导致破产		根据亏损情况而定	正常状况，经营状况较好

（二）利润的含金量分析

利润应是可实现的，能够给企业带来真实的现金流量增量，而并非仅仅体现在账面上。因此分析利润的含金量时，要分析利润与相应现金流量的匹配程度。盈利现金比率是指当期企业经营活动产生的现金流量净额与净利润的比值关系，体现了企业的盈余质量及目前企业净利润中现金收益的保障程度，其计算公式为

$$盈利现金比率=\frac{经营活动产生的现金流量净额}{净利润} \tag{3-4}$$

通常来说，盈利现金比率越大，净利润的现金含量越高，企业可供支配的货币量越大，企业的支付能力越强，企业利润质量也就越高。当企业当期净利润大于 0 时，盈利现金比率一般应大于 1，若小于 1，说明利润可能受到人为操纵或存在大量应收账款，利润质量差；或者利润中含有大量投资收益，主营业务盈利能力差。此外，当盈利现金比率小于 1 时，说明企业本期净利润中尚存在没有实现的现金收入，在这种情况下，即使企业盈利，现金也可能出现短缺，严重时会导致企业破产。

提　示

如果企业的当期经营活动产生的现金流量净额和净利润均为负数，在这种情况下，可能是企业有大规模的经营购买支付活动或是企业的经营状况出现问题（或是整个行业的问题）。

任务拓展　分析乙公司利润表的质量

步骤 1 下载乙公司 2021 年利润表（见本书配套素材“素材与实例”→“乙公司”→“乙公司 2021 年利润表.xlsx”）。

步骤 2 分析收入质量。依据乙公司 2021 年利润表填写表 3-21，需分别计算各收入项目占总收入的比重。乙公司 2021 年营业收入和主营业务收入结构分析表如表 3-22 和表 3-23 所示。

以“营业收入”项目为例，计算过程如下，其他各个收入项目参照计算即可。

$$2021年度营业收入所占比重=\frac{22\ 755\ 614.36}{23\ 134\ 580.13}\times100\%\approx98.36\%$$

$$2020年度营业收入所占比重=\frac{20\ 972\ 343.01}{21\ 519\ 445.01}\times100\%\approx97.46\%$$

表 3-21　乙公司 2021 年收入结构分析

项　目	2021 年度		2020 年度	
	金额/万元	比重/%	金额/万元	比重/%
营业收入	22 755 614.36	98.36	20 972 343.01	97.46
其他收益	95 750.05	0.41	115 084.82	0.53
投资收益	240 310.26	1.04	406 010.42	1.89
公允价值变动收益	11 927.76	0.05	6 262.97	0.03
资产处置收益	11 098.37	0.05	−1 280.76	−0.01
营业外收入	19 879.33	0.09	21 024.55	0.10
收入合计	23 134 580.13	100.00	21 519 445.01	100.00

表 3-22　乙公司 2021 年营业收入结构分析表

项　目	2021 年度		2020 年度	
	金额/万元	比重/%	金额/万元	比重/%
按业务类型分类				
其中：主营业务收入	22 657 706.13	99.57	20 859 087.82	99.46
其他业务收入	97 908.23	0.43	113 255.19	0.54
合计	22 755 614.36	100.00	20 972 343.01	100.00
按地区分类				
其中：中国	11 231 689.41	49.36	10 767 576.54	51.34
其他国家/地区	11 523 924.95	50.64	10 204 766.47	48.66
合计	22 755 614.36	100.00	20 972 343.01	100.00

表 3-23　乙公司 2021 年主营业务收入结构分析表

项　目	2021 年度		2020 年度	
	金额/万元	比重/%	金额/万元	比重/%
按商品类型分类				
其中：空调	3 753 143.15	16.56	2 999 886.05	14.38
电冰箱	7 156 978.92	31.59	6 153 803.84	29.50
厨电	3 524 404.03	15.55	3 136 131.98	15.03
水家电	1 245 959.37	5.50	985 673.06	4.73
洗衣机	5 475 883.93	24.17	4 845 242.67	23.23
装备部品及渠道	1 501 336.73	6.63	2 738 350.22	13.13
合计	22 657 706.13	100.00	20 859 087.82	100.00

步骤3 依据表3-21、表3-22和表3-23中的数据，分析乙公司收入质量。

（1)分析总收入结构:乙公司2021年和2020年营业收入占总收入比重分别为98.36%和97.46%，是收入的主要来源。其他类型收入所占比重微乎其微，其中，其他收益所占比重分别为0.41%和0.53%；投资收益所占比重分别为1.04%和1.89%；营业外收入所占比重分别为0.09%和0.10%。由此可以看出，乙公司经常性收入所占比重极高、可持续性强，乙公司的经营处于健康正常的状态。

（2）分析营业收入结构：乙公司2021年和2020年营业收入中，主营业务收入所占比重分别为99.57%和99.46%，其他业务收入所占比重分别为0.43%和0.54%，说明乙公司经常性的、主要业务所产生的收入占比极高，即乙公司营业收入结构稳定、可持续性强。乙公司2021年和2020年营业收入按地区分类，其中，中国地区收入所占比重分别为49.36%和51.34%，其他国家/地区收入所占比重分别为50.64%和48.66%，说明乙公司的国内和国际市场布局比较均衡。

（3）分析主营业务收入品种构成：乙公司2021年和2020年主营业务收入中电冰箱商品收入所占比重分别为31.59%和29.50%，洗衣机商品收入所占比重分别为24.17%和23.23%，空调商品收入所占比重分别为16.56%和14.38%，厨电商品收入所占比重分别为15.55%和15.03%，装备部品及渠道商品收入所占比重分别为6.63%和13.13%，水家电商品收入所占比重分别为5.50%和4.73%。说明乙公司主营业务收入的类型构成比较均衡，经营风险比较分散。

步骤4 分析成本费用质量。由表3-6和表3-12中数据可以看出，2021年相较于2020年乙公司营业成本增长了6.11%，略低于营业收入的增长率（8.50%）。期间费用中，销售费用增长了8.66%，略高于营业收入的增长速度；管理费用增长了3.90%，低于营业收入的增长速度。说明乙公司2021年成本费用控制较好，尤其营业成本和管理费用占营业收入的比重有所降低，分别下降了1.55%和0.20%。此外，乙公司研发费用增长了21.95%，说明乙公司重视研发投入，以提高企业可持续发展能力。

步骤5 分析利润质量。由表3-6和表3-12中数据可以看出，乙公司2021年营业毛利、营业利润、利润总额和净利润分别为7 107 348.62万元、1 587 647.79万元、1 591 603.04万元和1 321 706.70万元，且2021年相较于2020年分别增长了14.17%、16.69%、17.25%和16.54%，增长率基本持平。此外，2021年营业利润、利润总额和净利润相差不大，说明乙公司整体的财务成果主要来源于其核心的营业利润，乙公司2021年经营效益比较稳定、可持续性强（分析人员可结合近几年数据进行趋势分析，进一步判断乙公司财务成果的可持续性）。

此外，乙公司2021年和2020年盈利现金比率（见表3-24）均大于1，说明其净利润的现金含量较高，利润质量较高。

表 3-24　乙公司盈利现金比率

项　目	2021 年度	2020 年度
经营活动产生的现金流量净额/万元	2 312 964.04	1 760 951.38
净利润/万元	1 321 706.70	1 134 145.22
盈利现金比率	1.75	1.55

班级____________ 姓名____________ 学号____________

项目实训

（一）实训要求

编制 M 公司 2022 年销售费用分析表，并对其销售费用变动情况及结构进行分析，进而分析 M 公司销售费用的质量。

（二）实训内容

（1）M 公司 2022 年营业收入期末金额为 1 251 548 700.04 元，期初金额为 1 246 008 235.56 元，销售费用明细情况如表 3-25 所示。

表 3-25 M 公司 2022 年销售费用明细情况

单位：元

项 目	期末金额	期初金额
职工薪酬	2 609 786.82	2 309 856.34
装卸及运输费用	5 455 505.69	4 505 260.16
广告及业务宣传费	50 034 863.06	36 045 056.78
行政及差旅费用	160 278.02	250 078.96
摊销费	80 247.03	50 758.05
物料消耗	340 673.90	347 860.82
折旧费	34 045.81	28 093.58
其他	543 483.92	653 032.63
销售费用合计	59 258 884.25	44 189 997.32

（2）计算 M 公司 2022 年销售费用的增减变动情况和结构比重，并把计算结果填写到表 3-26 中。

表 3-26 M 公司 2022 年销售费用分析

项 目	水平分析		占营业收入的结构比重	
	增减变动额/元	增减变动率/%	期末/%	期初/%
职工薪酬				
装卸及运输费用				
广告及业务宣传费				
行政及差旅费用				

班级____________ 姓名____________ 学号____________

（续表）

项　目	水平分析		占营业收入的结构比重	
	增减变动额/元	增减变动率/%	期末/%	期初/%
摊销费				
物料消耗				
折旧费				
其他				
销售费用合计				

（3）依据表 3-26 中的数据，分析 M 公司 2022 年销售费用的情况，并将分析结论填写到表 3-27 中。

表 3-27　M 公司 2022 年销售费用分析结论

分析内容	分析结论
增减变动情况	
结构比重情况	
质量情况	

项目考核 »

（一）单项选择题

（1）（　　）是将分析期的利润表各项目的数值与选定的标准进行比较。

A．利润表水平分析　　B．利润表垂直分析

C．利润表质量分析　　D．利润表趋势分析

（2）（　　）是指企业经常性的、主要业务所产生的收入。

A．营业收入　　B．主营业务收入

C．其他业务收入　　D．总收入

（3）（　　）是企业在生产经营活动中实现的经营性利润，是企业利润的核心部分。

A．营业利润　　B．利润总额

C．净利润　　D．综合收益总额

班级____________ 姓名____________ 学号____________

（4）“以丰补歉，储备当期收入”的收入操纵手法的主要表现是（　　）。

A．提前确认销售收入

B．将本应在当期确认的收入推迟至以后期间确认

C．将其他分部的收入挪借给收入不足的经营分部

D．通过“应收票据”“应收账款”等账户虚构经营收入

（二）多项选择题

（1）关于利润表分析，以下说法正确的有（　　）。

A．净利润是指企业所有者最终取得的财务成果

B．非经常性收入具有偶然性，其比重不宜过高

C．占主营业务收入比重大的商品或劳务的收入成长性越高、波动性越大，收入可持续性越强

D．一般而言，营业成本相对营业收入增幅较大的企业，其盈利前景堪忧

（2）分析营业利润的变动，主要考虑的影响因素有（　　）。

A．营业毛利的变动　　B．期间费用的变动

C．资产减值损失的变动　　D．投资收益的变动

（3）成本费用操纵的主要手段有（　　）。

A．不结转已销产品成本

B．期间费用转作待摊费用处理

C．不按规定摊销无形资产和开办费

D．忽略或隐瞒或有负债

（4）期间费用质量分析包括（　　）。

A．营业成本质量分析　　B．销售费用质量分析

C．管理费用质量分析　　D．财务费用质量分析

（三）判断题

（1）持续稳定的收入应主要来源于关联方交易。（　　）

（2）在其他条件既定的情况下，期间费用越大，利润越少。（　　）

（3）从利润的持久性、稳定性角度，营业利润的质量高于非营业利润。（　　）

（4）盈利现金比率越大，净利润的现金含量越高。（　　）

（四）思考题

（1）收入操纵手法主要有哪些？

班级＿＿＿＿＿＿　姓名＿＿＿＿＿＿　学号＿＿＿＿＿＿

（2）企业成本费用质量分析应主要考虑哪些方面，如何进行分析？

（五）计算分析题

甲公司 2021 年和 2020 年财务报表的部分数据情况如表 3-28 所示。

表 3-28　甲公司 2021 年和 2020 年财务报表的部分数据

项　目	2021 年度	2020 年度
营业收入/万元	18 786 887.49	16 819 920.44
营业成本/万元	14 225 163.86	12 422 903.37
营业毛利/万元		
营业利润/万元	2 541 626.14	2 405 027.11
利润总额/万元	2 554 213.36	2 431 569.07
净利润/万元	2 157 078.97	2 028 599.55
经营活动产生的现金流量净额/万元	150 474.52	866 406.20
盈利现金比率		

要求：（1）计算甲公司 2021 年和 2020 年营业毛利和盈利现金比率，并将计算结果填写到表 3-28 中。

（2）依据表 3-28 中的数据，分析甲公司 2021 年利润质量，并将分析结论填写到表 3-29 中。

表 3-29　甲公司 2021 年利润质量分析结论

分析内容	分析结论
利润的持续稳定性	
利润的含金量	

项目四

现金流量表分析

项目导读

现金流量是企业财务状况和运营能力重要的判断指标，也是企业价值判断的重要依据。企业现金流量的质量好坏关乎企业成败与否。如何利用好现金流量表所提供的现金及现金等价物（易于变现的有价证券）的流入和流出等信息，评价企业经营绩效的质量，是现金流量表分析的重要内容。

知识目标

- 了解现金流量表水平分析的目的，理解现金流量表水平分析表的编制和分析评价方法。
- 了解现金流量表垂直分析的目的，理解现金流入结构分析表、现金流出结构分析表及现金流量净额结构分析表的编制和分析评价方法。
- 理解经营活动、投资活动和筹资活动现金流量的质量分析内容。

技能目标

- 具有编制和分析评价企业现金流量表水平分析表的能力。
- 具有编制和分析评价企业现金流入结构分析表、现金流出结构分析表及现金流量净额结构分析表的能力。
- 具有分析企业经营活动、投资活动和筹资活动现金流量质量的能力。

素养目标

- 支持科技发展，识别财务舞弊。
- 践行生态文明思想，共促绿色低碳发展。

任务一 编制并分析现金流量表的水平分析表

任务导入

企业的现金流量包括经营活动产生的现金流量、投资活动产生的现金流量和筹资活动产生的现金流量。现金流量表的水平分析，就是对经营活动、投资活动和筹资活动现金流入、现金流出及现金流量净额的变动情况和变动幅度进行分析，并进一步分析其变动原因，进而判断其变动的合理性。

小王阅读了甲公司近几年的现金流量表，希望通过分析现金流量表各项目的变动差异及原因，进而揭示甲公司的现金流量情况，以作为经营管理者未来决策的依据。

本任务的知识和技能要求如表 4-1 所示。

表 4-1 知识和技能要求

类 型	具体内容	学习程度		
		了解	理解	应用
知识要求	现金流量表水平分析的目的	●		
	现金流量表水平分析表的编制		●	
	现金流量表水平分析表的分析评价		●	
技能要求	编制并分析甲公司现金流量表水平分析表			●

班级____________ 姓名____________ 学号____________

任务工单 »

（一）任务描述

以基期标准作为比较标准，运用水平分析法对甲公司现金流量表进行水平分析，揭示经营活动、投资活动和筹资活动产生现金流量的增减变动情况，并分析其产生差异的原因及合理性。

（二）任务分工

以 3～5 人为一组进行分组，每组设组长 1 名，小组讨论任务分工并将分工情况填写到表 4-2 中。

表 4-2 小组成员及分工情况

小组成员	姓 名	学 号	任务分工
组长			
组员			

（三）任务准备

在进入具体操作前，请各组长组织组员观看“初识现金流量表”的预习视频，并收集和整理以下相关资料，进行讨论分析。

初识现金流量表

（1）现金流量表的性质和作用是什么？

（2）现金流量表的编制方法有哪些？

班级____________ 姓名____________ 学号____________

（3）现金流量表水平分析的目的是什么？

（四）任务实施

（1）下载甲公司2021年现金流量表（见本书配套素材“素材与实例”→“甲公司”→“甲公司2021年现金流量表.xlsx”）。

（2）依据甲公司2021年现金流量表填写表4-3，需分别计算各个项目的增减变动额和增减变动率。

表4-3 甲公司2021年现金流量表水平分析表

项 目	2021年度金额/万元	2020年度金额/万元	增减变动额/万元	增减变动率/%
一、经营活动产生的现金流量：				
销售商品、提供劳务收到的现金				
收到的税费返还				
收到其他与经营活动有关的现金				
经营活动现金流入小计				
购买商品、接受劳务支付的现金				
支付给职工以及为职工支付的现金				
支付的各项税费				
支付其他与经营活动有关的现金				
经营活动现金流出小计				
经营活动产生的现金流量净额				
二、投资活动产生的现金流量：				
收回投资收到的现金				
取得投资收益收到的现金				
处置固定资产、无形资产和其他长期资产收回的现金净额				
处置子公司及其他营业单位收到的现金净额				
收到其他与投资活动有关的现金				
投资活动现金流入小计				

班级__________ 姓名__________ 学号__________

（续表）

项　目	2021 年度金额/万元	2020 年度金额/万元	增减变动额/万元	增减变动率/%
购建固定资产、无形资产和其他长期资产支付的现金				
投资支付的现金				
取得子公司及其他营业单位支付的现金净额				
支付其他与投资活动有关的现金				
投资活动现金流出小计				
投资活动产生的现金流量净额				
三、筹资活动产生的现金流量：				
吸收投资收到的现金				
取得借款收到的现金				
收到其他与筹资活动有关的现金				
筹资活动现金流入小计				
偿还债务支付的现金				
分配股利、利润或偿付利息支付的现金				
支付其他与筹资活动有关的现金				
筹资活动现金流出小计				
筹资活动产生的现金流量净额				
四、汇率变动对现金及现金等价物的影响				
五、现金及现金等价物净增加额				
加：期初现金及现金等价物余额				
六、期末现金及现金等价物余额				

（3）依据表 4-3 中的数据，分析甲公司经营活动、投资活动和筹资活动产生的现金流量的变动差异及原因，并对甲公司现金流量进行总体评价，然后将分析结论填写到表 4-4 中。

表 4-4　甲公司 2021 年现金流量表水平分析结论

分析内容	分析结论
经营活动产生的现金流量的变动差异及原因	
投资活动产生的现金流量的变动差异及原因	

班级______ 姓名______ 学号______

（续表）

分析内容	分析结论
筹资活动产生的现金流量的变动差异及原因	
现金流量总体情况	

（五）任务评价

各组派代表展示任务实施成果，并配合指导老师完成表 4-5 所示的任务评价表。

表 4-5　任务评价表

评价项目	评价内容	评价分数			
		分值	自评	组评	师评
职业素养考核目标（40%）	考勤、仪容仪表	10 分			
	责任意识、纪律意识	10 分			
	团队合作与交流	20 分			
专业能力考核目标（60%）	任务准备过程记录及讨论的完成度	20 分			
	任务实施过程记录的完成度	20 分			
	任务实施成果的展示效果	20 分			
合计	综合分数______自评（25%）+组评（25%）+师评（50%）	100 分			
	综合等级______	指导老师签字______			
综合评价					

一、现金流量表水平分析的目的

现金流量表水平分析的目的，在于通过对企业分析期现金流量表各项目的数值与选定的标准进行对比分析，以揭示现金流量表各项目的比较差异，并分析其产生差异的原因，从现金形成的角度，判断企业获取现金的能力及经营活动、投资活动和筹资活动的合理性，继而分析评价企业经营活动、投资活动和筹资活动产生的现金流量的变化趋势。

二、现金流量表水平分析表的编制

现金流量表水平分析表的编制，是将分析期的现金流量表各项目的数值与选定的标准进行比较，然后计算各个项目的增减变动额和增减变动率。

三、现金流量表水平分析表的分析评价

（一）经营活动产生的现金流量分析

经营活动产生的现金流量是现金流量分析的重点，它反映的是企业经常性的、持续的现金流入和现金流出情况。

1．经营活动现金流入量分析

（1）“销售商品、提供劳务收到的现金”项目是经营活动现金流入量的主体，一般也应是企业现金流入量的主流，通常具有金额大、所占比重高、可持续性强等特点。

（2）“收到的税费返还”项目具有金额较小、受国家政策影响大、企业能动性小等特点。

（3）“收到其他与经营活动有关的现金”项目偶发性强，一般金额不大，不具有持续性。如果其金额较大，分析时应关注其内部构成，并分析其变动的原因及合理性。

2．经营活动现金流出量分析

（1）“购买商品、接受劳务支付的现金”项目是经营活动现金流出量的主体，一般也应是企业现金流出量的主流，通常具有金额大、所占比重高、持续性强等特点。

（2）“支付给职工以及为职工支付的现金”项目一般金额波动较小，且会不断增长，分析时应关注其是否增长过快。

（3）“支付的各项税费”项目反映了企业真实的税负状况，一般与收入的变动同向。

（4）“支付其他与经营活动有关的现金”项目金额一般不大，如果其金额较大，分析时应关注其内部构成，并分析其变动的原因及合理性。

3．经营活动产生的现金流量净额分析

一般情况下，企业经营活动产生的现金流量净额应为正数，若出现负数的情况，说明企业经营活动资金出现缺口，其自身现金创造能力（“造血功能”）较差，需要企业筹资活动（“输血功能”）资金的支持。

课堂讨论

如果把现金流量比喻为企业的“血液”，则企业的各项现金流量活动和“造血功能”“放血功能”“输血功能”之间如何进行匹配，请说一说你的想法，并说明为什么。

（二）投资活动产生的现金流量分析

1. 投资活动现金流入量分析

（1）“收回投资收到的现金”项目一般具有金额小、稳定性差的特点。如果其金额较大，应分析原因，以确定其合理性。分析人员应判断企业是否存在由于现金流量紧张，将债权投资在其未到期前出售或处理长期股权投资，以缓解资金短缺的现象。

（2）“取得投资收益收到的现金”项目，反映企业获得的现金股利收益或利息收益，具有较强的持续性，其金额越大，说明企业投资效果越好。

（3）“处置固定资产、无形资产和其他长期资产收回的现金净额”项目，如果其金额较大，分析时应关注企业处置长期资产的目的（如调整经营方向或缩减经营规模）及原因。

（4）“处置子公司及其他营业单位收到的现金净额”项目，如果其金额较大，分析时应关注企业处置子公司及其他营业单位的目的及原因，并确定这种行为对企业的长远影响。

（5）“收到其他与投资活动有关的现金”项目一般金额不大或为零，如果其金额较大，分析时应关注其内部构成，并分析其变动的原因及合理性。

2. 投资活动现金流出量分析

（1）“购建固定资产、无形资产和其他长期资产支付的现金”项目，分析时应结合企业生命周期的变动对其增减变动的影响，导入期和成长期投资较多，其金额较大，衰退期则相反。一般情况下，该项目现金流出量大，意味着企业在扩大经营规模，但也应警惕投资过度现象。

（2）“投资支付的现金”项目，一般情况下，其金额的增加代表企业对外扩张的规模增强。但分析时应关注企业在该项目的支出金额是否来自闲置资金，是否存在挪用主营业务资金进行投资的行为。

（3）“取得子公司及其他营业单位支付的现金净额”项目，如果其金额较大，分析时应关注企业取得子公司及其他营业单位的目的及原因，并确定这种行为对企业的长远影响。

（4）“支付其他与投资活动有关的现金”项目金额一般不大，如果其金额较大，分析时应关注其内部构成，并分析其变动的原因及合理性。

3. 投资活动产生的现金流量净额分析

企业投资活动产生的现金流量净额可能是正数或负数，分析时应关注投资活动与企业发展战略之间的吻合程度及其所带来的效益。

（三）筹资活动产生的现金流量分析

1. 筹资活动现金流入量分析

（1）“吸收投资收到的现金”项目增加的现金流可以增加企业的信用能力，并有利于

企业的长期发展。

（2）“取得借款收到的现金”项目反映企业举借各种短期、长期借款而收到的现金，分析时应主要关注其变动金额和趋势，若其增加幅度较大，则会加大企业债务风险。

（3）“收到其他与筹资活动有关的现金”项目金额一般不大，如果其金额较大，分析时应主要关注其内容构成的变化及合理性。

2. 筹资活动现金流出量分析

（1）“偿还债务支付的现金”项目反映企业以现金偿还债务本金的情况，如果其金额过大，可能会导致现金流量不足，但是企业的债务会因此减少。

（2）“分配股利、利润或偿付利息支付的现金”项目反映企业对投资者、债权人的回报，若分配股利、利润所支付的现金金额较大，一般表明公司资金实力雄厚、经营状况较好；若偿付利息所支付的现金金额较大，应结合企业的现金流量的充足度及企业的债务结构，进一步分析企业的财务风险。

（3）“支付其他与筹资活动有关的现金”项目金额一般不大，如果其金额较大，分析时应主要关注其内容构成的变化及合理性。

3. 筹资活动产生的现金流量净额分析

企业筹资活动现金流量净额可能是正数或负数，应结合企业生命周期分析其合理性。

任务拓展 编制并分析乙公司现金流量表水平分析表

步骤 1 下载乙公司 2021 年现金流量表（见本书配套素材“素材与实例”→“乙公司”→“乙公司 2021 年现金流量表.xlsx”）。

步骤 2 依据乙公司 2021 年现金流量表填写表 4-6，需分别计算各个项目的增减变动额和增减变动率。

以“收到的税费返还”项目为例，计算过程如下，其他各个项目参照计算即可。

$$收到的税费返还增减变动额 = 175\ 923.24 - 102\ 861.54 = 73\ 061.70\ （万元）$$

$$收到的税费返还增减变动率 = \frac{175\ 923.24 - 102\ 861.54}{102\ 861.54} \times 100\% \approx 71.03\%$$

表 4-6 乙公司 2021 年现金流量表水平分析表

项 目	2021 年度金额/万元	2020 年度金额/万元	增减变动额/万元	增减变动率/%
一、经营活动产生的现金流量：				
销售商品、提供劳务收到的现金	25 962 775.54	20 793 223.48	5 169 552.06	24.86
收到的税费返还	175 923.24	102 861.54	73 061.70	71.03
收到其他与经营活动有关的现金	188 141.45	153 861.96	34 279.49	22.28
经营活动现金流入小计	26 326 840.23	21 049 946.98	5 276 893.25	25.07

（续表）

项 目	2021 年度金额/万元	2020 年度金额/万元	增减变动额/万元	增减变动率/%
购买商品、接受劳务支付的现金	18 087 717.92	14 166 186.15	3 921 531.77	27.68
支付给职工以及为职工支付的现金	2 436 603.46	2 209 819.34	226 784.12	10.26
支付的各项税费	1 006 835.72	802 230.53	204 605.19	25.50
支付其他与经营活动有关的现金	2 482 719.09	2 110 759.58	371 959.51	17.62
经营活动现金流出小计	24 013 876.19	19 288 995.60	4 724 880.59	24.50
经营活动产生的现金流量净额	2 312 964.04	1 760 951.38	552 012.66	31.35
二、投资活动产生的现金流量：				
收回投资收到的现金	668 703.81	764 562.57	−95 858.76	−12.54
取得投资收益收到的现金	69 985.88	61 676.75	8 309.13	13.47
处置固定资产、无形资产和其他长期资产收回的现金净额	28 983.11	32 427.60	−3 444.49	−10.62
处置子公司及其他营业单位收到的现金净额	0.00	86 121.29	−86 121.29	−100.00
收到其他与投资活动有关的现金	0.00	18 771.78	−18 771.78	−100.00
投资活动现金流入小计	767 672.80	963 559.99	−195 887.19	−20.33
购建固定资产、无形资产和其他长期资产支付的现金	737 242.88	778 324.95	−41 082.07	−5.28
投资支付的现金	815 183.00	681 636.03	133 546.97	19.59
取得子公司及其他营业单位支付的现金净额	0.00	30 934.90	−30 934.90	−100.00
支付其他与投资活动有关的现金	21 929.26	31.75	21 897.51	68 968.54
投资活动现金流出小计	1 574 355.14	1 490 927.63	83 427.51	5.60
投资活动产生的现金流量净额	−806 682.34	−527 367.64	−279 314.70	−52.96
三、筹资活动产生的现金流量：				
吸收投资收到的现金	4 151.39	133 129.66	−128 978.27	−96.88
取得借款收到的现金	1 205 153.48	2 873 221.22	−1 668 067.74	−58.06
收到其他与筹资活动有关的现金	109.11	1 408.24	−1 299.13	−92.25
筹资活动现金流入小计	1 209 413.98	3 007 759.12	−1 798 345.14	−59.79
偿还债务支付的现金	1 955 043.75	2 350 865.30	−395 821.55	−16.84
分配股利、利润或偿付利息支付的现金	401 766.16	429 027.88	−27 261.72	−6.35
支付其他与筹资活动有关的现金	416 746.89	330 458.25	86 288.64	26.11
筹资活动现金流出小计	2 773 556.80	3 110 351.43	−336 794.63	−10.83

（续表）

项 目	2021年度金额/万元	2020年度金额/万元	增减变动额/万元	增减变动率/%
筹资活动产生的现金流量净额	−1 564 142.82	−102 592.31	−1 461 550.51	−1 424.62
四、汇率变动对现金及现金等价物的影响	−10 542.36	−63 685.26	53 142.90	83.45
五、现金及现金等价物净增加额	−68 403.48	1 067 306.17	−1 135 709.65	−106.41
加：期初现金及现金等价物余额	4 564 153.57	3 496 847.38	1 067 306.19	30.52
六、期末现金及现金等价物余额	4 495 750.09	4 564 153.55	−68 403.46	−1.50

步骤3 依据表4-6中的数据，分析乙公司经营活动、投资活动和筹资活动产生的现金流量的变动差异及原因，并对乙公司现金流量进行总体评价。

（1）分析经营活动产生的现金流量：乙公司2021年经营活动产生的现金流量净额比2020年增加了552 012.66万元，增长了31.35%。其中，经营活动现金流入小计增加了5 276 893.25万元，增长了25.07%；经营活动现金流出小计增加了4 724 880.59万元，增长了24.50%。这主要是由“销售商品、提供劳务收到的现金”和“购买商品、接受劳务支付的现金”的增加引起的。

（2）分析投资活动产生的现金流量：乙公司2021年投资活动产生的现金流量净额比2020年减少了279 314.70万元，下降了52.96%。其中，投资活动现金流入小计减少了195 887.19万元，下降了20.33%；投资活动现金流出小计增加了83 427.51万元，增长了5.60%。2021年和2020年“收回投资收到的现金”“购建固定资产、无形资产和其他长期资产支付的现金”及“投资支付的现金”均较多，分析人员应结合其产生的目的和原因分析其合理性。

（3）分析筹资活动产生的现金流量：2021年筹资活动产生的现金流量净额比2020年减少了1 461 550.51万元，下降了1 424.62%。其中，筹资活动现金流入小计减少了1 798 345.14万元，下降了59.79%；筹资活动现金流出小计减少了336 794.63万元，下降了10.83%。这主要是由“取得借款收到的现金”和“偿还债务支付的现金”的减少引起的。

（4）现金流量总体评价：综上所述，乙公司2021年现金及现金等价物净增加额为−68 403.48万元，比2020年减少了1 135 709.65万元，下降了106.41%。这主要是由筹资活动产生的现金流量净额的大幅减少引起的，尤其是由筹资活动现金流入小计的大幅减少引起的。因此，分析人员应结合乙公司筹资策略和经营战略，进一步分析乙公司筹资活动产生的现金流量大幅变化的合理性。但是，乙公司2021年经营活动产生的现金流量净额增长幅度较大，说明乙公司经营状况良好。

任务二　编制并分析现金流量表的垂直分析表

任务导入

现金流量表垂直分析（又称结构分析）包括现金流入结构、现金流出结构、现金流量净额结构等分析。通过现金流量表的垂直分析，可以了解企业现金流入的主要来源和现金流出的方向，并评价现金流入、现金流出对净现金流量的影响。

小王希望通过对甲公司近几年现金流量表的垂直分析，进一步了解其各种现金流量的结构比重，以作为经营管理者未来决策的依据。

本任务的知识和技能要求如表 4-7 所示。

表 4-7　知识和技能要求

类　型	具体内容	学习程度		
		了解	理解	应用
知识要求	现金流量表垂直分析的目的	●		
	编制与分析评价现金流入结构分析表		●	
	编制与分析评价现金流出结构分析表		●	
	编制与分析评价现金流量净额结构分析表		●	
技能要求	编制并分析甲公司现金流入结构分析表			●

班级____________ 姓名____________ 学号____________

任务工单

（一）任务描述

运用垂直分析法对甲公司现金流入情况进行垂直分析，填制现金流入结构分析表，分析甲公司现金流入的主要来源和方向，评价各种现金流量形成的原因，并揭示甲公司现金流入结构的合理性。

（二）任务分工

以 3～5 人为一组进行分组，每组设组长 1 名，小组讨论任务分工并将分工情况填写到表 4-8 中。

表 4-8 小组成员及分工情况

小组成员	姓　名	学　号	任务分工
组长			
组员			

（三）任务准备

在进入具体操作前，请各组长组织组员观看“初识现金流入结构分析表”的预习视频，并收集和整理以下相关资料，进行讨论分析。

初识现金流入结构分析表

（1）现金流入结构分析表分析的目的是什么？

（2）如何编制现金流入结构分析表？

班级____________　　姓名____________　　学号____________

（3）现金流入结构分析表分析的主要内容是什么？

（四）任务实施

（1）下载甲公司 2021 年现金流量表（见本书配套素材“素材与实例”→“甲公司”→“甲公司 2021 年现金流量表.xlsx”）。

（2）依据甲公司 2021 年现金流量表填写表 4-9，需分别计算现金流入各个项目占现金流入合计的结构比重。

表 4-9　甲公司 2021 年现金流入结构分析表

项　目	2021 年度		2020 年度	
	金额/万元	比重/%	金额/万元	比重/%
一、经营活动现金流入小计				
销售商品、提供劳务收到的现金				
收到的税费返还				
收到其他与经营活动有关的现金				
二、投资活动现金流入小计				
收回投资收到的现金				
取得投资收益收到的现金				
处置固定资产、无形资产和其他长期资产收回的现金净额				
处置子公司及其他营业单位收到的现金净额				
收到其他与投资活动有关的现金				
三、筹资活动现金流入小计				
吸收投资收到的现金				
取得借款收到的现金				
收到其他与筹资活动有关的现金				
四、现金流入合计				

班级____________ 姓名____________ 学号____________

（3）依据表 4-9 中的数据，分析甲公司经营活动、投资活动和筹资活动现金流入结构现状，并对甲公司现金流入结构进行总体评价，然后将分析结论填写到表 4-10 中。

表 4-10 甲公司 2021 年现金流入结构分析结论

分析内容	分析结论
经营活动现金流入结构	
投资活动现金流入结构	
筹资活动现金流入结构	
现金流入结构总体情况	

班级________ 姓名________ 学号________

（五）任务评价

各组派代表展示任务实施成果，并配合指导老师完成表 4-11 所示的任务评价表。

表 4-11 任务评价表

<table>
<tr><th rowspan="2">评价项目</th><th rowspan="2">评价内容</th><th colspan="4">评价分数</th></tr>
<tr><th>分值</th><th>自评</th><th>组评</th><th>师评</th></tr>
<tr><td rowspan="3">职业素养考核目标（40%）</td><td>考勤、仪容仪表</td><td>10 分</td><td></td><td></td><td></td></tr>
<tr><td>责任意识、纪律意识</td><td>10 分</td><td></td><td></td><td></td></tr>
<tr><td>团队合作与交流</td><td>20 分</td><td></td><td></td><td></td></tr>
<tr><td rowspan="3">专业能力考核目标（60%）</td><td>任务准备过程记录及讨论的完成度</td><td>20 分</td><td></td><td></td><td></td></tr>
<tr><td>任务实施过程记录的完成度</td><td>20 分</td><td></td><td></td><td></td></tr>
<tr><td>任务实施成果的展示效果</td><td>20 分</td><td></td><td></td><td></td></tr>
<tr><td rowspan="2">合计</td><td>综合分数______自评（25%）+组评（25%）+师评（50%）</td><td>100 分</td><td></td><td></td><td></td></tr>
<tr><td>综合等级______</td><td colspan="4">指导老师签字__________</td></tr>
<tr><td>综合评价</td><td colspan="5"></td></tr>
</table>

一、现金流量表垂直分析的目的

现金流量表垂直分析的目的，在于通过计算分析期的现金流入、现金流出及现金净流量的结构百分比，以分析企业现金流入、现金流出及现金净流量的主要来源和方向，评价各种现金流量形成的原因，并揭示企业现金流入结构、现金流出结构和现金流量净额结构的合理性。

二、现金流入结构分析表的编制与分析评价

现金流入结构分析表的编制，就是在现金流量表的基础上，分别计算经营活动现金流入各个项目、投资活动现金流入各个项目和筹资活动现金流入各个项目占总现金流入量的比重，然后以此作为进一步分析评价的依据。

某项目现金流入结构比重计算公式为

$$\text{某项目现金流入结构比重}=\frac{\text{该项目的现金流入量}}{\text{总现金流入量}}\times 100\% \qquad (4\text{-}1)$$

现金流入结构分析表主要分析各种活动产生的现金流入量占总现金流入量的比重，从而明确企业的现金究竟来自何方，增加现金流入应在哪些方面采取措施。一般而言，企业在生产经营正常、投资和筹资规模不变的情况下，经营活动产生的现金流入量越多，则企业自身获取现金的能力越强。

（1）经营活动现金流入量占总现金流入量的比重较大，表明企业经营状况良好，收现能力强且坏账风险小，现金流入结构较为合理，反之，则表明企业经营状况欠佳。

（2）如果企业的现金流入主要是由收回投资产生的，甚至是由处置固定资产、无形资产和其他资产引起的，则表明企业生产经营能力衰退，企业维持和发展出现问题。

（3）如果筹资活动现金流入所占比重较大，表明企业拥有广阔的筹资渠道，拥有获得足够的资金扩大生产经营规模的潜力，但是要结合企业所处的生命周期和经营活动现金流量的情况，进一步分析企业的筹资风险及经营状况。

三、现金流出结构分析表的编制与分析评价

现金流出结构分析表的编制，就是在现金流量表的基础上，分别计算经营活动现金流出各个项目、投资活动现金流出各个项目和筹资活动现金流出各个项目占总现金流出量的比重，然后以此作为进一步分析评价的依据。

某项目现金流出结构比重计算公式为

$$\text{某项目现金流出结构比重}=\frac{\text{该项目的现金流出量}}{\text{总现金流出量}}\times 100\% \qquad (4\text{-}2)$$

现金流出结构分析表主要分析各种活动产生的现金流出量占总现金流出量的比重，从

而明确企业的现金究竟流向哪里，减少现金流出应在哪些方面采取措施。一般而言，经营活动现金流出量占总现金流出量比重较大的企业，其生产经营状况正常，现金流出结构较为合理。

（1）在企业正常的经营活动中，其经营活动的现金流出应当具有一定的稳定性，各期变化不会太大，若出现较大的变动，则须进一步寻找原因。

（2）就投资活动来说，企业可能发生大规模一次性现金流出，一般是由购建固定资产、无形资产和其他长期资产引起的，也可能是由对外投资引起的。

（3）筹资活动现金流出主要是为了偿还到期债务和分配股利、利润或偿付利息。债务的偿还意味着企业财务风险会变小。

四、现金流量净额结构分析表的编制与分析评价

现金流量净额结构分析表的编制，就是在现金流量表的基础上，分别计算经营活动产生的现金流量净额、投资活动产生的现金流量净额、筹资活动产生的现金流量净额、汇率变动对现金及现金等价物的影响（简称汇率变动的影响）占总现金流量净额的比重，然后以此作为进一步分析评价的依据。

某项目现金流量净额结构比重计算公式为

$$\text{某项目现金流量净额结构比重}=\frac{\text{该项目的现金流量净额}}{\text{总现金流量净额}}\times 100\% \tag{4-3}$$

现金流量净额结构分析表主要分析各种活动产生的现金流量净额占总现金流量净额的比重，从而反映企业现金流量净额是如何形成和分布的，为进一步分析现金流量净额增减变动的影响因素指明方向。

任务拓展　编制并分析乙公司现金流出结构分析表 

步骤1 下载乙公司2021年现金流量表（见本书配套素材“素材与实例”→“乙公司”→“乙公司2021年现金流量表.xlsx”）。

步骤2 依据乙公司2021年现金流量表填写表4-12，需分别计算现金流出各个项目占现金流出合计的结构比重。

以“购买商品、接受劳务支付的现金”项目为例，计算过程如下，其他各个项目参照计算即可。

$$\text{2021年度购买商品、接受劳务支付的现金所占比重}=\frac{18\ 087\ 717.92}{28\ 361\ 788.13}\times 100\%\approx 63.77\%$$

$$\text{2020年度购买商品、接受劳务支付的现金所占比重}=\frac{14\ 166\ 186.15}{23\ 890\ 274.66}\times 100\%\approx 59.30\%$$

表 4-12　乙公司 2021 年现金流出结构分析表

项　目	2021 年度		2020 年度	
	金额/万元	比重/%	金额/万元	比重/%
一、经营活动现金流出小计	24 013 876.19	84.67	19 288 995.60	80.74
购买商品、接受劳务支付的现金	18 087 717.92	63.77	14 166 186.15	59.30
支付给职工以及为职工支付的现金	2 436 603.46	8.59	2 209 819.34	9.25
支付的各项税费	1 006 835.72	3.55	802 230.53	3.36
支付其他与经营活动有关的现金	2 482 719.09	8.75	2 110 759.58	8.84
二、投资活动现金流出小计	1 574 355.14	5.55	1 490 927.63	6.24
购建固定资产、无形资产和其他长期资产支付的现金	737 242.88	2.60	778 324.95	3.26
投资支付的现金	815 183.00	2.87	681 636.03	2.85
取得子公司及其他营业单位支付的现金净额	0.00	0.00	30 934.90	0.13
支付其他与投资活动有关的现金	21 929.26	0.08	31.75	0.00
三、筹资活动现金流出小计	2 773 556.80	9.78	3 110 351.43	13.02
偿还债务支付的现金	1 955 043.75	6.89	2 350 865.30	9.84
分配股利、利润或偿付利息支付的现金	401 766.16	1.42	429 027.88	1.80
支付其他与筹资活动有关的现金	416 746.89	1.47	330 458.25	1.38
四、现金流出合计	28 361 788.13	100.00	23 890 274.66	100.00

步骤 3 依据表 4-12 中的数据，分析乙公司经营活动、投资活动和筹资活动现金流出结构现状，并对乙公司现金流出结构进行总体评价。

（1）分析经营活动现金流出结构：乙公司 2021 年和 2020 年经营活动现金流出合计占现金流出总额的比重分别为 84.67%和 80.74%。其中，“购买商品、接受劳务支付的现金”所占比重较高，分别为 63.77%和 59.30%。

（2）分析投资活动现金流出结构：乙公司 2021 年和 2020 年投资活动现金流出合计占现金流出总额的比重分别为 5.55%和 6.24%。其中，各个项目结构比重变化不大。

（3）分析筹资活动现金流出结构：乙公司 2021 年和 2020 年筹资活动现金流出合计占现金流出总额的比重分别为 9.78%和 13.02%。其中，“偿还债务支付的现金”所占比重有所下降，由 2020 年的 9.84%下降为 2021 年的 6.89%。

（4）现金流出结构总体评价：综上所述，乙公司 2021 年经营活动现金流出占现金总流出比重较大，表明乙公司生产经营状况正常，现金支出结构较为合理。

任务三 分析现金流量表的质量

任务导入

现金是企业经营中的“血液”，现金流通是否通畅，现金流量质量是否良好，决定着一个企业的生命力是否旺盛。因此，做好企业现金流量表质量的分析对于经营管理者等会计信息使用者十分必要。

小王通过分析甲公司近几年现金流量表的质量，旨在进一步掌握甲公司各项活动产生的现金流量的变动规律、变动趋势、公司所处生命周期的阶段及异常变化等情况，以作为经营管理者未来决策的依据。

本任务的知识和技能要求如表 4-13 所示。

表 4-13 知识和技能要求

类 型	具体内容	学习程度		
		了解	理解	应用
知识要求	分析经营活动现金流量的质量		●	
	分析投资活动现金流量的质量		●	
	分析筹资活动现金流量的质量		●	
技能要求	分析甲公司经营活动现金流量的质量			●

班级____________ 姓名____________ 学号____________

任务工单

（一）任务描述

编制甲公司 2019—2021 年经营活动现金流量趋势分析表，对甲公司经营活动现金流量净额质量进行分析，揭示经营活动现金流量的充足性和稳定性。

（二）任务分工

以 3～5 人为一组进行分组，每组设组长 1 名，小组讨论任务分工并将分工情况填写到表 4-14 中。

表 4-14 小组成员及分工情况

小组成员	姓 名	学 号	任务分工
组长			
组员			

（三）任务准备

在进入具体操作前，请各组长组织组员观看“经营活动现金流量的质量分析相关知识”的预习视频，并收集和整理以下相关资料，进行讨论分析。

经营活动现金流量的质量分析相关知识

（1）经营活动现金流量净额质量分析的内容是什么？

（2）经营活动现金流量的持续稳定性分析指的是什么？

班级______________　姓名______________　学号______________

（四）任务实施

（1）甲公司 2019—2021 年经营活动现金流量的数据情况如表 4-15 所示。依据表 4-15 中的数据，对甲公司经营活动产生的现金流量净额质量进行分析。

表 4-15　甲公司 2019—2021 年经营活动现金流量的数据情况

单位：万元

项　目	2021 年度金额	2020 年度金额	2019 年度金额
销售商品、提供劳务收到的现金	16 964 651.76	15 587 038.43	16 638 769.80
收到的税费返还	246 738.12	249 429.31	185 437.35
收到其他与经营活动有关的现金	593 800.13	470 832.80	279 676.38
经营活动现金流入小计	17 805 190.01	16 307 300.54	17 103 883.53
购买商品、接受劳务支付的现金	14 560 151.84	12 179 312.13	9 421 477.14
支付给职工以及为职工支付的现金	984 859.34	890 127.71	883 121.37
支付的各项税费	837 183.95	818 405.29	1 512 831.18
支付其他与经营活动有关的现金	1 272 520.36	1 553 049.21	2 152 645.28
经营活动现金流出小计	17 654 715.49	15 440 894.34	13 970 074.97
经营活动产生的现金流量净额	150 474.52	866 406.20	3 133 808.56

注：甲公司 2019 年和 2020 年经营活动产生的现金流量净额在补偿当期的非付现成本（固定资产折旧、无形资产摊销和长期待摊费用摊销等）后仍有很多剩余，但是 2021 年经营活动产生的现金流量净额不足以补偿当期的非付现成本。

分析评价：

班级＿＿＿＿＿＿＿　姓名＿＿＿＿＿＿＿　学号＿＿＿＿＿＿＿

（2）以 2019 年为基期，对经营活动产生的现金流量进行趋势分析（定比分析），计算定比指数，并填制甲公司 2019—2021 年经营活动现金流量趋势分析表，如表 4-16 所示。

表 4-16　甲公司 2019—2021 年经营活动现金流量趋势分析表

单位：%

项　目	2021 年度定比指数	2020 年度定比指数	2019 年度定比指数
销售商品、提供劳务收到的现金			
收到的税费返还			
收到其他与经营活动有关的现金			
经营活动现金流入小计			
购买商品、接受劳务支付的现金			
支付给职工以及为职工支付的现金			
支付的各项税费			
支付其他与经营活动有关的现金			
经营活动现金流出小计			
经营活动产生的现金流量净额			

（3）依据表 4-15 中的数据，填制甲公司 2019—2021 年经营活动现金流入结构分析表，如表 4-17 所示。然后依据表 4-16 和表 4-17 中的数据，对甲公司 2019—2021 年经营活动现金流量的持续稳定性进行分析。

表 4-17　甲公司 2019—2021 年经营活动现金流入结构分析表

单位：%

项　目	2021 年度比重	2020 年度比重	2019 年度比重
销售商品、提供劳务收到的现金			
收到的税费返还			
收到其他与经营活动有关的现金			
经营活动现金流入小计			

班级____________ 姓名____________ 学号____________

（五）任务评价

各组派代表展示任务实施成果，并配合指导老师完成表 4-18 所示的任务评价表。

表 4-18 任务评价表

评价项目	评价内容	评价分数			
		分值	自评	组评	师评
职业素养考核目标（40%）	考勤、仪容仪表	10 分			
	责任意识、纪律意识	10 分			
	团队合作与交流	20 分			
专业能力考核目标（60%）	任务准备过程记录及讨论的完成度	20 分			
	任务实施过程记录的完成度	20 分			
	任务实施成果的展示效果	20 分			
合计	综合分数______自评（25%）+组评（25%）+师评（50%）	100 分			
	综合等级______	指导老师签字__________			
综合评价					

一、经营活动现金流量的质量分析

（一）经营活动产生的现金流量净额质量分析

对经营活动产生的现金流量净额质量的分析，应主要关注经营活动产生的现金流量的充足程度。企业经营活动现金流量的主要用途：① 补偿企业日常经营运转的资金需要；② 为扩大再生产提供资金支持；③ 支付现金股利。

知识拓展

自由现金流量

自由现金流量简称自由现金流，是指在不影响公司持续发展的前提下，可供分配给股东和债权人的最大现金额，是用于衡量企业实际持有的能够回报股东的现金指标，是企业产生的在满足了再投资需要之后所剩余的现金流量。自由现金流量可以分为企业自由现金流量和股权自由现金流量，其中，企业自由现金流量是指企业扣除了所有经营支出、投资需要和税收支付后在清偿债务之前的剩余现金流量，股权自由现金流量是指扣除所有开支、税收支付、投资需要、债务本金及利息支出之后的剩余现金流量。

1. 经营活动产生的现金流量净额小于零

经营活动产生的现金流量净额小于零，意味着企业经营活动产生的现金流入量小于现金流出量。从企业所处的生命周期来分析，在企业导入期，经营活动现金流量表现为入不敷出的情况是一种正常状态。但是，如果企业在正常成长期和成熟期，仍然出现这种状态，一般认为企业经营活动现金流量的质量不高。

2. 经营活动产生的现金流量净额等于零

经营活动产生的现金流量净额等于零，意味着企业经营活动产生的现金流入量恰好等于现金流出量，即企业的经营活动现金流量处于收支平衡的状态。在这种情况下，企业正常经营活动不需要额外补充流动资金，但企业经营活动也不能为企业投资活动及筹资活动提供现金支持。

3. 经营活动产生的现金流量净额大于零

在企业的成本消耗中，有相当一部分属于按照权责发生制原则的要求而确认的折旧和摊销等非付现成本。因此，企业经营活动产生的现金流量净额，仅仅大于零是不够的。企业经营活动产生的现金流量净额要想对企业做出较大贡献，至少产生的现金流量净额大于零并在补偿当期的非付现成本后仍有剩余。这样，从长期来看，企业自身经营所产生的现金流量净额，才能维持企业经营活动的“简单再生产”，此外，还能为企业扩大投资等发展提供现金支持。在这种情况下，企业经营活动的现金流量质量较高。

（二）经营活动现金流量的持续稳定性分析

分析人员可以结合趋势分析法对企业若干个会计期间的经营活动现金流量进行持续稳定性分析。一般而言，经营活动现金流入、现金流出及现金流量净额波动性越小，且“销售商品、提供劳务收到的现金”占经营活动总现金流入量的比重越大，则经营活动的现金流量越稳定，可持续性越强。

知识拓展

销售获现比率

销售获现比率是衡量企业经营活动现金流量的指标。

销售获现比率是指本期销售商品、提供劳务收到的现金与营业收入之间的比率，反映企业通过销售获取现金的能力和营业收入的现金保障程度。销售获现比率的计算公式为

$$\text{销售获现比率}=\frac{\text{销售商品、提供劳务收到的现金}}{\text{营业收入}}\times 100\% \qquad (4\text{-}4)$$

销售获现比率表明企业每 100 元营业收入中收到多少现金，即反映企业经营业务的资金回笼情况。一般情况下，销售获现比率越高，表明公司通过销售获取现金的能力越强，营业收入质量越好，即企业经营活动获取现金的能力越强。

二、投资活动现金流量的质量分析

（一）投资活动产生的现金流量净额质量分析

1．投资活动产生的现金流量净额小于零

投资活动产生的现金流量净额小于零，意味着企业投资规模的扩大。一般多发生在企业导入期或成长期，企业为了奠定正常生产经营活动的基础而不断对内投资购买固定资产等；也可能发生在企业成熟期，企业对外进行股权性或债权性的投资。分析人员应结合企业整体现金流量的充足程度及投资对企业的长远影响，分析投资活动产生的现金流量的合理性。

2．投资活动产生的现金流量净额大于零

投资活动产生的现金流量净额大于零，意味着企业投资活动产生的现金流入量大于现金流出量。这种情况的发生，可能是由于企业在该会计期间取得投资收益及收回投资收到的现金流入量大于投资支付的现金流出量；也可能是由于企业在经营活动或筹资活动方面急需资金而不得不处理手中的长期资产以求变现。因此，必须对企业投资活动产生的现金

流量净额大于零的原因进行具体分析。

（二）投资活动现金流量的合理性分析

投资活动现金流量是企业发展战略的体现。投资活动现金流量是否合理，主要取决于其现金流量的特征是否符合企业的发展战略。此外，还要分析企业的投资活动是否过于激进。如果企业经营稳定，有经营活动现金流量的支持，那么增加投资活动的现金支出是合理的；如果企业经营状况不佳，经营活动现金流量紧缩，主要依靠筹资活动的现金流入来维持大规模的投资扩张，则企业投资太过激进，容易产生资金链断裂的风险。

知识拓展

投资活动的目的

（1）为企业正常生产经营活动奠定基础，如购建固定资产、无形资产和其他长期资产等。

（2）为企业对外扩张和其他发展性目的进行权益性投资和债权性投资。

（3）利用企业暂时不用的闲置货币资金进行短期投资，以求获得较高的投资收益。

三、筹资活动现金流量的质量分析

（一）筹资活动产生的现金流量净额质量分析

1. 筹资活动产生的现金流量净额小于零

筹资活动产生的现金流量净额小于零，意味着企业筹资活动产生的现金流入量小于现金流出量。这种情况多发生于企业成熟期，此时，企业对外部资金的依赖性较低，因为，企业经营活动的现金流量充足，投资活动的现金流出量降低，同时投资收益日益增长，促使企业有充足的现金还本付息、分配现金股利或利润。但是，企业筹资活动产生的现金流量净额小于零，也可能是企业在投资和企业扩张方面没有更多作为的一种表现；或者是企业处于衰退期，由于经营状况恶化，筹资能力较差。

2. 筹资活动产生的现金流量净额大于零

筹资活动产生的现金流量净额大于零，意味着企业筹资活动产生的现金流入量大于现金流出量。这种情况多发生于企业导入期或成长期，此时，企业需要大量资金，在企业经营活动产生的现金流量净额小于零的条件下，企业对筹资活动现金流量的依赖较大。此外，分析企业筹资活动产生的现金流量净额大于零是否正常，关键要看企业的筹资活动是否已纳入企业的发展规划中，是企业管理层以扩大投资和经营活动为目标的主动筹资行为，还是企业因经营活动和投资活动的现金流失控而导致企业不得已的筹资行为。

（二）筹资活动现金流量的合理性分析

对筹资活动产生的现金流量的合理性进行分析，主要应关注筹资活动产生的现金流量与经营活动、投资活动产生的现金流量之和的适应程度。若企业持续利用筹资活动的现金流入来维持日常经营，则说明企业自身创造现金能力很弱，不得已要进行筹资活动，对外部资金过度依赖，现金流量质量较差。

此外，还应关注筹资活动现金流量的成本效益分析。即筹资活动带来的现金流入，投入使用所产生的经济效益大于其筹资成本的现金流出，此时，筹资活动产生的现金流量才是合理的。

知识拓展

常见的现金流量操纵方法

（1）掩盖经营活动现金流量的不良结构、方向，并调节其规模。主要方法有：① 人为夸大经营活动现金流入量而减少现金流出量；② 虚构交易，对经营活动现金流直接造假；③ 利用理财策略、营销手段影响现金流收付的发生时间。

（2）将经营活动、投资活动、筹资活动所属明细项目产生的现金流量进行任意调剂。在全部现金流量中，经营活动现金流量的含金量越高，其比重越大，意味着企业自身资金来源越稳定，企业可持续发展能力越强。因此，企业可能会通过各种方式，虚增企业经营活动产生的现金流量净额，分析时须引起注意。

任务拓展　分析乙公司经营活动现金流量的质量

步骤 1 乙公司 2019—2021 年经营活动现金流量的数据情况如表 4-19 所示。依据表 4-19 中的数据，对乙公司经营活动产生的现金流量净额质量进行分析。

表 4-19　乙公司 2019—2021 年经营活动现金流量的数据情况

单位：万元

项　目	2021 年度金额	2020 年度金额	2019 年度金额
销售商品、提供劳务收到的现金	25 962 775.54	20 793 223.48	20 415 292.10
收到的税费返还	175 923.24	102 861.54	89 818.39
收到其他与经营活动有关的现金	188 141.45	153 861.96	213 407.06
经营活动现金流入小计	26 326 840.23	21 049 946.98	20 718 517.55
购买商品、接受劳务支付的现金	18 087 717.92	14 166 186.15	14 103 581.85
支付给职工以及为职工支付的现金	2 436 603.46	2 209 819.34	2 228 112.62

（续表）

项　目	2021 年度金额	2020 年度金额	2019 年度金额
支付的各项税费	1 006 835.72	802 230.53	890 948.48
支付其他与经营活动有关的现金	2 482 719.09	2 110 759.58	1 987 611.50
经营活动现金流出小计	24 013 876.19	19 288 995.60	19 210 254.45
经营活动产生的现金流量净额	2 312 964.04	1 760 951.38	1 508 263.10

注：乙公司 2019—2021 年经营活动产生的现金流量净额在补偿当期的非付现成本后仍有很多剩余。

分析经营活动产生的现金流量净额的质量：2019—2021 年乙公司经营活动产生的现金流量净额分别为 1 508 263.10 万元、1 760 951.38 万元和 2 312 964.04 万元，金额较大，并在补偿当期的非付现成本后仍有很多剩余，由此可见，乙公司经营活动创造现金的能力较强，现金流量较充足、质量较高。

步骤 2 以 2019 年为基期，对经营活动产生的现金流量进行趋势分析（定比分析），计算定比指数，并编制乙公司 2019—2021 年经营活动现金流量趋势分析表，如表 4-20 所示。

以“经营活动产生的现金流量净额”项目为例，计算过程如下，其他项目参照计算即可。

$$2019\text{年度经营活动产生的现金流量净额定比指数}=\frac{1\,508\,263.10}{1\,508\,263.10}\times100\%=100.00\%$$

$$2020\text{年度经营活动产生的现金流量净额定比指数}=\frac{1\,760\,951.38}{1\,508\,263.10}\times100\%\approx116.75\%$$

$$2021\text{年度经营活动产生的现金流量净额定比指数}=\frac{2\,312\,964.04}{1\,508\,263.10}\times100\%\approx153.35\%$$

表 4-20　乙公司 2019—2021 年经营活动现金流量趋势分析表

单位：%

项　目	2021 年度定比指数	2020 年度定比指数	2019 年度定比指数
销售商品、提供劳务收到的现金	127.17	101.85	100.00
收到的税费返还	195.87	114.52	100.00
收到其他与经营活动有关的现金	88.16	72.10	100.00
经营活动现金流入小计	127.07	101.60	100.00
购买商品、接受劳务支付的现金	128.25	100.44	100.00
支付给职工以及为职工支付的现金	109.36	99.18	100.00
支付的各项税费	113.01	90.04	100.00
支付其他与经营活动有关的现金	124.91	106.20	100.00
经营活动现金流出小计	125.01	100.41	100.00
经营活动产生的现金流量净额	153.35	116.75	100.00

步骤 3 编制乙公司 2019—2021 年经营活动现金流入结构分析表，如表 4-21 所示。依据表 4-20 和表 4-21 中的数据，分析乙公司 2019—2021 年经营活动现金流量的持续稳定性。

表 4-21 乙公司 2019—2021 年经营活动现金流入结构分析表

单位：%

项　目	2021 年度比重	2020 年度比重	2019 年度比重
销售商品、提供劳务收到的现金	98.62	98.78	98.54
收到的税费返还	0.67	0.49	0.43
收到其他与经营活动有关的现金	0.71	0.73	1.03
经营活动现金流入小计	100.00	100.00	100.00

分析经营活动现金流量的持续稳定性：由表 4-20 中数据可以看出，2021 年和 2020 年经营活动产生的现金流量净额相较于 2019 年定比指数分别为 153.35%和 116.75%，即 2021 年和 2020 年经营活动产生的现金流量净额均有所增长，尤其 2021 年增长较快。此外，由表 4-21 中数据可以看出，2019—2021 年乙公司“销售商品、提供劳务收到的现金”占经营活动总现金流入量的比重极高，分别为 98.54%、98.78%和 98.62%，说明乙公司经营活动的现金流量较稳定，可持续性较强。

素养之窗

近年来出现的一些审计失败案例，暴露了函证不实的问题。伴随上市公司收入、利润造假，个别上市公司同时存在银行存款余额虚假记载的现象。银行函证，对于审计识别财务舞弊行为至关重要。

上市公司收入、利润造假，很有可能带来现金流量造假。因此，从源头上寻找证据，向银行发询证函，获取存款、贴现票据等证据，是审计的重中之重。

2022 年，财政部、银保监会（现为国家金融监督管理总局）发布了《关于加快推进银行函证规范化、集约化、数字化建设的通知》，要求自 2023 年 1 月 1 日起，备案从事证券业务的会计师事务所开展上市公司年报审计业务时，应当实现上市公司银行函证业务集约化。即由会计师事务所指定处理函证的内部专门机构（或岗位）统一、集中处理函证业务，不得由项目组或注册会计师个人自行收发函证。其他会计师事务所和其他审计业务应当于 2023 年 12 月 31 日前实现银行函证集约化。文件同时要求，要积极探索银行函证业务数字化，鼓励具备条件的会计师事务所和银行通过银行函证平台（包括第三方函证平台和银行自建函证平台）开展数字化函证，有效提升函证效率和效果。

由此可见，银行函证的集约化、数字化是趋势，是财政部、银保监会（现为国家金融监督管理总局）为了夯实市场主体会计信息质量、防范金融风险、维护市场秩序的重要举措。

而电子函证平台一般应用电子签名技术和电子签章技术，替代线下手写签名和纸质签章，保证函证数据的完整性和函证过程的可追溯。同时，平台采用加密算法和加密硬件，对电子函证文件加密传输及保存，相比于线下纸质函证流程，函证过程更可靠，函证数据更安全。此外，电子函证平台的使用，可为会计师事务所和企业降低可观的打印费用和物流成本，还将推动全行业提高碳减排意识，为我国力争 2030 年前实现“碳达峰”，2060 年前实现“碳中和”目标作出积极贡献。

班级____________　姓名____________　学号____________

项目实训

（一）实训要求

填制 D 公司 2021—2022 年现金流量净额结构分析表，分析其现金流量净额结构情况，进而简单评价 D 公司现金流量净额是如何形成和分布的。

（二）实训内容

（1）D 公司 2021—2022 年现金流量净额的数据情况如表 4-22 所示。据此填制 D 公司 2021—2022 年现金流量净额结构分析表（见表 4-23）。

表 4-22　D 公司 2021—2022 年现金流量净额的数据情况

单位：万元

项　目	2022 年度金额	2021 年度金额
经营活动产生的现金流量净额	3 312 564.04	2 760 934.21
投资活动产生的现金流量净额	−1 308 682.34	−827 567.63
筹资活动产生的现金流量净额	−1 864 242.82	−112 562.54
汇率变动对现金及现金等价物的影响	−20 642.36	−60 685.06
现金及现金等价物净增加额	118 996.52	1 760 118.98

表 4-23　D 公司 2021—2022 年现金流量净额结构分析表

单位：%

项　目	2022 年度比重	2021 年度比重
经营活动产生的现金流量净额		
投资活动产生的现金流量净额		
筹资活动产生的现金流量净额		
汇率变动对现金及现金等价物的影响		
现金及现金等价物净增加额		

（2）依据表 4-22 和表 4-23 中的数据，分析 D 公司 2021—2022 年现金流量净额结构情况，简单评价其现金流量净额是如何形成和分布的，并将分析结论填写到表 4-24 中。

班级____________ 姓名____________ 学号____________

表 4-24 D 公司 2021—2022 年现金流量净额结构分析结论

分析内容	分析结论
现金流量净额结构情况	
现金流量净额形成和分布情况	
现金流量净额质量情况	

项目考核

（一）单项选择题

（1）下列各项中，属于经营活动现金流入量的是（　　）。

A．销售商品、提供劳务收到的现金

B．收回投资收到的现金

C．取得借款收到的现金

D．取得投资收益收到的现金

（2）下列各项中，不属于筹资活动产生的现金流量的是（　　）。

A．分配股利、利润或偿付利息支付的现金

B．购建固定资产、无形资产和其他长期资产支付的现金

C．吸收投资收到的现金

D．偿还债务支付的现金

（3）关于投资活动现金流量的合理性分析的说法，错误的是（　　）。

A．投资活动现金流量是否合理，主要取决于其现金流量的特征是否符合企业的发展战略

B．若企业的投资活动过于激进，则投资活动现金流量一定不合理

C．若有经营活动现金流量的支持，那么适当增加投资活动的现金支出是合理的

D．若经营活动现金流量紧缩，主要依靠筹资活动的现金流入来维持大规模的投资扩张，则企业投资太过激进，容易产生资金链断裂的风险

班级____________　姓名____________　学号____________

（4）关于筹资活动产生的现金流量净额大于零的说法，错误的是（　　）。

A．意味着企业筹资活动产生的现金流入量大于现金流出量

B．这种情况多发生于企业导入期或成长期

C．这种情况是否正常，关键要看企业的筹资活动是否已纳入企业的发展规划中

D．说明企业没有任何对外部资金的依赖

（二）多项选择题

（1）我国现金流量表将现金流量分为（　　）。

A．经营活动现金流量　　B．投资活动现金流量

C．筹资活动现金流量　　D．金融活动现金流量

（2）下列各项中，属于投资活动产生的现金流量的有（　　）。

A．取得投资收益收到的现金

B．投资支付的现金

C．分配股利、利润或偿付利息支付的现金

D．购买商品、接受劳务支付的现金

（3）"销售商品、提供劳务收到的现金"项目所具有的特点有（　　）。

A．金额大　　B．所占比重高

C．可持续性强　　D．受国家政策影响大

（4）关于经营活动产生的现金流量净额小于零的说法，正确的有（　　）。

A．意味着企业经营活动产生的现金流入量小于现金流出量

B．这种情况一般发生在企业导入期

C．在这种情况下，企业正常经营活动不需要额外补充流动资金

D．在这种情况下，企业经营活动的现金流量质量较高

（三）判断题

（1）经营活动现金流入量占总现金流入量的比重较大，则反映出企业经营状况不佳。（　　）

（2）筹资活动产生的现金流量净额小于零，这种情况多发生于企业成熟期。（　　）

（3）企业投资活动产生的现金流量净额可能是正数或负数，分析时应关注投资活动与企业发展战略之间的吻合程度及其所带来的效益。（　　）

（4）对经营活动产生的现金流量净额质量的分析，应主要关注经营活动产生的现金流量的充足程度。（　　）

班级____________ 姓名____________ 学号____________

（四）思考题

（1）经营活动现金流量的水平分析主要分析哪些方面？

（2）投资活动现金流量的质量分析主要分析哪些方面？

（五）计算分析题

Q 公司 2021 年经营活动产生的现金流量净额为 5 000 万元，投资活动产生的现金流量净额为−3 000 万元，筹资活动产生的现金流量净额为 1 000 万元；2022 年经营活动产生的现金流量净额为−1 000 万元，投资活动产生的现金流量净额为 1 000 万元，筹资活动产生的现金流量净额为 800 万元。假设汇率变动对现金及现金等价物的影响为 0。

要求：（1）计算 Q 公司 2021 年和 2022 年现金及现金等价物净增加额。

（2）对 Q 公司 2021 年和 2022 年的现金流量状况进行简要分析。

项目五 企业偿债能力分析

项目导读

企业偿债能力反映了企业财务状况的稳定性与生产经营的发展趋势，直接关系到企业的持续经营能力，是会计信息使用者所重点关心的财务能力之一。重视并有效提高偿债能力，不仅是维护债权人正当权益的法律约束，而且也是企业保持良好市场形象和资信地位，增强企业风险意识，避免风险损失，实现企业价值最大化目标的客观要求。因此，偿债能力分析成为现代企业财务报表分析的核心内容之一。

知识目标

- 了解影响短期偿债能力的因素，理解短期偿债能力的分析内容及方法。
- 了解影响长期偿债能力的因素，理解长期偿债能力的分析内容及方法。

技能目标

- 具有分析评价企业短期偿债能力的技能。
- 具有分析评价企业长期偿债能力的技能。

素养目标

- 建立健康的消费观和价值观，合理规划资产和负债，远离恶性“校园贷”。

任务一 分析企业短期偿债能力

任务导入

短期偿债能力是指企业偿还流动负债的能力。在市场经济条件下，企业作为一个独立的经济实体，短期偿债能力的强弱揭示了企业财务状况的好坏和风险程度的大小，直接影响企业的支付能力、信用、商誉及再融资能力等一系列问题，甚至会影响企业的经营能力，因此，短期偿债能力分析至关重要。

小王结合甲公司近几年的资产负债表及现金流量表，计算各种短期偿债能力指标，运用比率分析法分析评价甲公司的短期偿债能力，以了解甲公司短期偿债能力的强弱及变化情况，揭示甲公司的财务状况和风险程度，继而作为经营管理者未来决策的依据。

本任务的知识和技能要求如表 5-1 所示。

表 5-1 知识和技能要求

类型	具体内容	学习程度		
		了解	理解	应用
知识要求	影响短期偿债能力的因素	●		
	短期偿债能力的分析内容及方法		●	
技能要求	分析甲公司的短期偿债能力			●

班级____________ 姓名____________ 学号____________

任务工单

（一）任务描述

计算甲公司短期偿债能力指标，运用比率分析法分析评价甲公司的短期偿债能力。

（二）任务分工

以 3～5 人为一组进行分组，每组设组长 1 名，小组讨论任务分工并将分工情况填写到表 5-2 中。

表 5-2　小组成员及分工情况

小组成员	姓　名	学　号	任务分工
组长			
组员			

（三）任务准备

在进入具体操作前，请各组长组织组员观看“短期偿债能力分析相关知识”的预习视频，并收集和整理以下相关资料，进行讨论分析。

短期偿债能力分析相关知识

（1）什么是短期偿债能力？

（2）影响短期偿债能力的因素有哪些？

班级____________　　姓名____________　　学号____________

（3）短期偿债能力的评价指标有哪些，如何计算并运用其对企业短期偿债能力进行分析评价？

（四）任务实施

（1）甲公司2019—2021年财务报表的部分数据情况如表5-3所示。依据表5-3中的数据，计算甲公司2019—2021年的短期偿债能力指标，并将计算结果填写到表5-4中。

表5-3　甲公司2019—2021年财务报表的部分数据情况

单位：万元

项　目	2021年度	2020年度	2019年度
货币资金	11 693 929.88	13 641 314.39	12 540 071.53
存货	4 276 559.83	2 787 950.52	2 408 485.41
流动资产	22 584 965.22	21 363 298.72	21 336 404.10
流动负债	19 587 211.79	15 746 558.53	16 956 830.02
经营活动产生的现金流量净额	150 474.52	866 406.20	3 133 808.56

表5-4　甲公司2019—2021年的短期偿债能力指标

指　标	2021年度	2020年度	2019年度
营运资本/万元			
流动比率			
速动比率			
现金比率			
现金流量比率			

（2）依据表5-4中的数据，分析甲公司2019—2021年营运资本、流动比率、速动比率、现金比率和现金流量比率等短期偿债能力指标，并综合评价甲公司2019—2021年的短期偿债能力，然后将分析结论填写到表5-5中。

班级____________ 姓名____________ 学号____________

表 5-5 甲公司 2019—2021 年短期偿债能力分析结论

分析内容	分析结论
营运资本指标	
流动比率指标	
速动比率指标	
现金比率指标	
现金流量比率指标	
短期偿债能力综合情况	

班级____________ 姓名____________ 学号____________

（五）任务评价

各组派代表展示任务实施成果，并配合指导老师完成表 5-6 所示的任务评价表。

表 5-6 任务评价表

<table>
<tr><th rowspan="2">评价项目</th><th rowspan="2">评价内容</th><th colspan="4">评价分数</th></tr>
<tr><th>分值</th><th>自评</th><th>组评</th><th>师评</th></tr>
<tr><td rowspan="3">职业素养考核目标（40%）</td><td>考勤、仪容仪表</td><td>10 分</td><td></td><td></td><td></td></tr>
<tr><td>责任意识、纪律意识</td><td>10 分</td><td></td><td></td><td></td></tr>
<tr><td>团队合作与交流</td><td>20 分</td><td></td><td></td><td></td></tr>
<tr><td rowspan="3">专业能力考核目标（60%）</td><td>任务准备过程记录及讨论的完成度</td><td>20 分</td><td></td><td></td><td></td></tr>
<tr><td>任务实施过程记录的完成度</td><td>20 分</td><td></td><td></td><td></td></tr>
<tr><td>任务实施成果的展示效果</td><td>20 分</td><td></td><td></td><td></td></tr>
<tr><td rowspan="2">合计</td><td>综合分数______自评（25%）+组评（25%）+师评（50%）</td><td>100 分</td><td></td><td></td><td></td></tr>
<tr><td>综合等级______</td><td colspan="4">指导老师签字__________</td></tr>
<tr><td>综合评价</td><td colspan="5"></td></tr>
</table>

一、影响短期偿债能力的因素

（一）流动资产的规模、结构与质量

流动资产的规模、结构与质量在一定程度上决定了企业的短期偿债能力。一般来说，流动资产越多，质量越好（如存货、应收账款周转速度快），企业的短期偿债能力越强。但如果流动资产内部的结构不合理，其实际偿债能力也会受到影响，因为不同流动资产的变现能力（流动性）不同。在整个流动资产中，变现能力最强的是货币资金，其次是交易性金融资产、应收票据、应收账款、存货等。因此，若企业资产总额中，流动资产规模很大，但流动资产内部结构中存货等变现能力相对较差的资产的比重很高，尤其是在存货积压、周转较慢等情况下，短期偿债能力就要大打折扣。

提 示

资产的变现能力是指资产转化为现金的能力，反映资产变现能力强弱的标志有两个：① 资产转化为现金的时间，时间越短，变现能力越强；② 资产的预期价格与实际售价之间的差额，差额越小，变现能力越强。

（二）流动负债的规模、结构与质量

流动负债规模越大，短期内企业需要偿还的债务负担就越重，因此，流动负债的规模是影响企业短期偿债能力的重要因素。此外，短期借款、应付票据、应付账款、预收账款、其他应付款、应交税费、应付职工薪酬和应付利息等项目的流动性不同，因此流动负债的结构和质量在一定程度上决定了企业的短期偿债压力，对短期偿债能力也有重要影响。例如，流动性较高、质量较差的短期借款、应付票据和应交税费等项目的比重越高，企业实际偿债压力越大。

素养之窗

大学生群体要树立理性消费观，合理规划资产和负债，远离恶性“校园贷”，增强风险责任意识，提升风险管理能力，做到“三拒绝”：① 拒绝不理性的超前消费，妥善保护个人征信，利用法律维护自身权益；② 拒绝各种“无门槛”贷款套路，选择正规金融机构和渠道；③ 拒绝借贷机构的“低息”诱惑，合理负债不越线，逐步树立金融风险防范意识。

（三）企业经营现金流量

现金是流动性最强的资产，企业的流动负债通常需要用现金进行偿付，因此，现金流

入和流出的数量就会直接影响到企业的短期偿债能力。如果没有足够的现金流量，即使是盈利的企业也可能因无法偿还到期债务而导致财务危机甚至破产。而经营活动现金流量在评价企业获取现金能力方面尤为关键。因为，企业虽然可以通过收回投资、处置资产或者筹资来维持现金需求，但这些都是暂时性的。只有当企业的经营业绩比较好时，才会有持续和稳定的现金流入，从而保证债权人的利益；当企业经营业绩较差时，其现金流入不足以抵补现金流出，造成营运资本缺乏，现金短缺，短期偿债能力必然受到影响。

提 示

这里的现金是指广义的现金，包括库存现金、银行存款、其他货币资金和现金等价物。

（四）企业的融资能力

企业融资能力的强弱主要取决于企业自身的规模、信用声誉和当时的筹资环境。企业融资能力也会影响企业偿债能力。若企业有较强的融资能力，如有可动用的银行贷款指标或可以很快通过发行股票或债券筹集到大量的资金，则会提高企业短期偿债能力。

（五）其他因素

除以上主要因素外，企业的财务管理水平、母子公司之间的资金调拨、宏观经济形势、证券市场的发展与完善程度、银行的信贷政策等因素也影响企业的短期偿债能力。

课堂讨论

评价企业短期偿债能力时，是企业资产规模更重要还是现金流量更重要？企业现有资产和现金流不能偿还企业的短期债务，企业一定会破产吗？

二、短期偿债能力分析

可以通过以下财务指标分析评价企业短期偿债能力。

（一）营运资本

营运资本又称净营运资本，是指流动资产总额减去流动负债总额后的剩余部分。

1．营运资本指标的计算与分析

营运资本是一个绝对数指标，其计算公式为

$$营运资本 = 流动资产 - 流动负债 \tag{5-1}$$

营运资本指标能够直接反映流动资产在保障流动负债偿还后还能够剩余的金额。营运资本越多，说明企业可用于偿还流动负债的资金越充裕，企业的短期偿债能力就越强，债权人收回债权的安全性也越高。

2. 计算与分析营运资本指标应注意的问题

（1）营运资本是一个绝对数指标，它的大小与企业的规模相关，不便于进行不同规模企业之间的横向比较。即便同一行业中两个企业的营运资本完全相同，它们的短期偿债能力也缺乏可比性。

（2）营运资本指标多少为宜并没有统一的标准。对于短期债权人来说，营运资本越多越好，这样可以提高其债权的保障程度。然而对于企业来说，过多持有营运资本虽然可以提高企业短期偿债能力，降低企业财务风险，但也有可能降低企业的盈利能力。

提 示

对企业来说，营运资本的管理是企业财务管理的一项重要内容，企业经营管理者需要在风险与收益之间进行权衡，根据实际情况合理安排企业的营运资本数额。

（二）流动比率

流动比率是指流动资产与流动负债之间的比值。它表明企业在某一时点，每1元流动负债有多少流动资产作为偿债保障。

1. 流动比率指标的计算与分析

流动比率是分析企业短期偿债能力最基本、最常用的指标，其计算公式为

$$流动比率=\frac{流动资产}{流动负债} \tag{5-2}$$

由于营运资本指标的局限性，实际工作中经常采用流动比率来判断企业短期债务偿还的安全性。一般来说，流动比率越高，企业的短期偿债能力越强。

提 示

流动比率的合理性标准是一个复杂的问题。流动比率受企业所在行业性质与特点的影响较大，企业应根据行业特点和自身情况，确定适合企业本身的流动比率水平。

2. 计算与分析流动比率指标应注意的问题

（1）从债权人立场来看，流动比率越高越好，但从所有者和经营管理者角度来看，流动比率并非越高越好。流动比率过高，表明企业可能滞留在流动资产上的资金过多，从而不能充分、有效地利用资金，造成企业机会成本增加，这对企业的获利能力会造成一定的影响。因此，企业应从收益和风险权衡的角度对流动资产与流动负债的规模进行合理的安排，不应盲目地追求流动比率的提高。

（2）流动比率易受人为因素控制，使流动比率表现出来的偿债能力与实际偿债能力有较大差异。例如，在临近期末的时候，企业通过突击偿还流动负债、下期初如数举借新债等手段来提高流动比率。

（3）流动比率是一个静态指标，即只能表示企业在某一特定时点可用资源及需要偿还的债务存量，不能揭示未来现金流量。

（三）速动比率

速动比率是指速动资产与流动负债之间的比值。

1. 速动比率指标的计算与分析

速动比率的计算公式为

$$速动比率=\frac{速动资产}{流动负债} \tag{5-3}$$

其中，速动资产是指流动资产中可以迅速变现用于偿债的资产。速动资产可以表示为流动资产减去存货，其计算公式为

$$速动资产=流动资产-存货 \tag{5-4}$$

一般来说，速动比率越高，企业的短期偿债能力越强。

提　示

> 速动比率过低，说明企业的短期偿债风险较大；速动比率过高，则企业可能因在速动资产上占用资金过多而失去一些盈利机会。

2. 计算与分析速动比率指标应注意的问题

流动比率和速动比率都是用于衡量企业短期偿债能力的指标，它们之间可以互相补充。计算与分析流动比率指标应注意的问题，在计算与分析速动比率指标时也应引起注意。

（四）现金比率

现金比率是指现金类资产与流动负债之间的比值。现金类资产包括企业持有的所有货币资金和现金等价物。

1. 现金比率指标的计算与分析

现金比率的计算公式为

$$现金比率=\frac{货币资金+现金等价物}{流动负债} \tag{5-5}$$

现金比率表明企业在某一时点，每 1 元流动负债有多少现金作为偿债保障。一般来说，现金比率越高，企业的短期偿债能力越强。

提　示

> 现金管理是企业财务管理的重要内容之一，需要明确的是企业持有现金一般有交易性、预防性和投机性三种动机，并不完全都是为了偿债。现金比率的高低也并无绝对的评价标准，企业应根据企业所属行业的性质与特点、企业经营活动的规模与特点、

管理层对企业未来现金流量的估计及对风险的态度等多方面确定现金持有量，而不是仅仅为了提高企业短期偿债能力而多持有现金资产。

2. 计算与分析现金比率指标应注意的问题

在评价企业短期偿债能力时，一般来说，现金比率的重要性不大，因为不可能要求企业立即用现金资产来偿付全部流动负债，企业也没有必要总是保持过多的现金资产。但对于发生财务困难的企业，特别是企业的应收款项和存货的变现存在问题时，现金比率就显得尤为重要，它表明了企业最坏情况下的短期偿债能力。

（五）现金流量比率

现金流量比率是指企业本期经营活动产生的现金流量净额与流动负债的比率。

1. 现金流量比率指标的计算与分析

现金流量比率是从现金流入和流出的动态角度对企业的短期偿债能力进行分析，其计算公式为

$$现金流量比率 = \frac{本期经营活动产生的现金流量净额}{流动负债} \tag{5-6}$$

现金流量比率表明每 1 元流动负债有多少经营现金流量作为偿债保障。如果该指标大于或者等于 1，表明企业有足够的能力以经营活动产生的现金流量净额来偿还流动负债；如果该指标小于 1，表示企业经营活动产生的现金流量净额不足以偿还全部的流动负债，但是流动负债是陆续到期的，而且新取得的流动负债也在不断提供新的资金，因此该指标小于 1 并不能说明企业的短期偿债能力差，分析人员需要进一步分析企业不同时点的现金流入量与偿还流动负债所需的现金流出量是否匹配。

2. 计算与分析现金流量比率指标应注意的问题

计算现金流量比率时，分母中的流动负债来自资产负债表，反映的是会计期末的流动负债金额。从偿债的实际情况来看，由于期末的流动负债要下期偿还，偿还这些负债的现金流量也应该是下期产生的，而准确预测下期经营活动产生的现金流量净额具有一定的困难，所以该指标隐含下期经营状况与本期基本相同这一假设，公式中用本期经营活动产生的现金流量净额代替下期经营活动产生的现金流量净额。

提　示

综上所述，营运资本、流动比率、速动比率和现金比率是从静态角度评价企业短期偿债能力的四个主要指标，而现金流量比率是从动态角度评价企业短期偿债能力的主要指标。企业实际运用上述指标进行分析时，如果仅凭某一个指标即对企业短期偿债能力做出评价，可能会出现一定偏差，因此，不能孤立地看某一个指标，应该综合其他指标进行分析，才能全面和客观地判断企业短期偿债能力的大小。

任务拓展　分析乙公司的短期偿债能力

步骤 1 乙公司 2019—2021 年财务报表的部分数据情况如表 5-7 所示。依据表 5-7 中的数据，计算乙公司 2019—2021 年的短期偿债能力指标，并将计算结果填写到表 5-8 中。

以 2021 年“营运资本”“流动比率”“速动比率”“现金比率”和“现金流量比率”为例，计算过程如下。

$$2021\text{年营运资本} = 12\ 360\ 777.70 - 12\ 479\ 695.44 = -118\ 917.74\ (\text{万元})$$

$$2021\text{年流动比率} = \frac{12\ 360\ 777.70}{12\ 479\ 695.44} \approx 0.99$$

$$2021\text{年速动比率} = \frac{(12\ 360\ 777.70 - 3\ 986\ 317.10)}{12\ 479\ 695.44} \approx 0.67$$

$$2021\text{年现金比率} = \frac{4\ 585\ 717.03}{12\ 479\ 695.44} \approx 0.37$$

$$2021\text{年现金流量比率} = \frac{2\ 312\ 964.04}{12\ 479\ 695.44} \approx 0.19$$

表 5-7　乙公司 2019—2021 年财务报表的部分数据情况

单位：万元

项　目	2021 年度	2020 年度	2019 年度
货币资金	4 585 717.03	4 646 773.25	3 617 881.57
存货	3 986 317.10	2 944 697.34	2 822 860.10
流动资产	12 360 777.70	11 425 589.57	10 054 714.46
流动负债	12 479 695.44	10 941 042.06	9 560 973.74
经营活动产生的现金流量净额	2 312 964.04	1 760 951.38	1 508 263.10

表 5-8　乙公司 2019—2021 年的短期偿债能力指标

指　标	2021 年度	2020 年度	2019 年度
营运资本/万元	−118 917.74	484 547.51	493 740.72
流动比率	0.99	1.04	1.05
速动比率	0.67	0.78	0.76
现金比率	0.37	0.42	0.38
现金流量比率	0.19	0.16	0.16

步骤 2 依据表 5-8 中的数据，分析乙公司 2019—2021 年的短期偿债能力。

（1）分析营运资本指标：乙公司 2019—2021 年营运资本分别为 493 740.72 万元、484 547.51 万元和−118 917.74 万元，该指标逐年下降，尤其是 2021 年下降幅度较大，且

2021 年的营运资本小于零，表明 2021 年乙公司流动资产不足以偿还流动负债，因此分析人员应进一步结合企业实际情况分析其原因。

（2）分析流动比率指标：乙公司 2019—2021 年流动比率分别为 1.05、1.04 和 0.99，该指标逐年下降，因此单纯从流动比率这个指标分析，乙公司的短期偿债能力逐年减弱。

（3）分析速动比率指标：乙公司 2019—2021 年速动比率分别为 0.76、0.78 和 0.67，该指标 2020 年有所上升、2021 年有所下降，因此单纯从速动比率这个指标分析，乙公司的短期偿债能力 2020 年有所增强、2021 年有所减弱。

（4）分析现金比率指标：乙公司 2019—2021 年现金比率分别为 0.38、0.42 和 0.37，该指标 2020 年有所上升、2021 年有所下降，因此单纯从现金比率这个指标分析，乙公司的短期偿债能力 2020 年有所增强、2021 年有所减弱。

（5）分析现金流量比率指标：乙公司 2019—2021 年现金流量比率分别为 0.16、0.16 和 0.19，均小于 1，表示乙公司经营活动产生的现金流量净额不足以偿还全部的流动负债，分析人员还需要进一步分析乙公司不同时点的现金流入量与偿还流动负债所需的现金流出量是否匹配。

（6）综合评价短期偿债能力：综上所述，乙公司 2019—2021 年营运资本和流动比率均逐年下降，速动比率和现金比率均 2020 年有所上升、2021 年有所下降，而现金流量比率 2020 年与 2019 年持平、2021 年有所上升。如果仅凭营运资本、流动比率、速动比率、现金比率和现金流量比率其中某一个指标对 2019—2021 年乙公司短期偿债能力做出评价，可能会出现一定偏差。因此不能孤立地利用某一个指标评价乙公司短期偿债能力，分析人员应综合其他指标，并进一步对短期偿债能力影响因素的具体情况进行分析，以便全面和客观地判断乙公司短期偿债能力的强弱。

任务二 分析企业长期偿债能力

任务导入

长期偿债能力是指企业偿还长期债务的能力，它是反映企业财务安全和稳定程度的重要标志。通过对企业长期偿债能力的分析，可以揭示企业对长期债务的保障程度。

小王结合甲公司近几年的资产负债表、利润表及现金流量表，计算各种长期偿债能力指标，运用比率分析法分析评价甲公司的长期偿债能力，以了解甲公司长期偿债能力的强弱及变化情况，揭示甲公司对长期债务的保障程度，继而作为经营管理者未来决策的依据。

本任务的知识和技能要求如表 5-9 所示。

表 5-9 知识和技能要求

类 型	具体内容	学习程度		
		了解	理解	应用
知识要求	影响长期偿债能力的因素	●		
	长期偿债能力的分析内容及方法		●	
技能要求	分析甲公司的长期偿债能力			●

班级__________ 姓名__________ 学号__________

任务工单

（一）任务描述

计算甲公司长期偿债能力指标，运用比率分析法分析评价甲公司的长期偿债能力。

（二）任务分工

以 3～5 人为一组进行分组，每组设组长 1 名，小组讨论任务分工并将分工情况填写到表 5-10 中。

表 5-10 小组成员及分工情况

小组成员	姓　名	学　号	任务分工
组长			
组员			

（三）任务准备

在进入具体操作前，请各组长组织组员观看“长期偿债能力分析相关知识”的预习视频，并收集和整理以下相关资料，进行讨论分析。

长期偿债能力分析相关知识

（1）什么是长期偿债能力？

（2）影响长期偿债能力的因素有哪些？

班级____________　姓名____________　学号____________

（3）长期偿债能力的评价指标有哪些，如何计算并运用其对企业长期偿债能力进行分析评价？

（四）任务实施

（1）甲公司 2019—2021 年财务报表的部分数据情况如表 5-11 所示。依据表 5-11 中的数据，计算甲公司 2019—2021 年的长期偿债能力指标，并将计算结果填写到表 5-12 中。

表 5-11　甲公司 2019—2021 年财务报表的部分数据情况

单位：万元

项　目	2021 年度	2020 年度	2019 年度
资产总额	31 545 553.07	27 397 645.64	28 297 215.74
负债总额	21 027 905.67	16 118 385.43	17 092 450.09
所有者权益	10 517 647.40	11 279 260.21	11 204 765.65
无形资产	991 696.72	587 828.88	530 554.11
利润总额	2 554 213.36	2 431 569.07	2 710 858.44
利息费用	175 211.20	108 836.94	159 827.63
经营活动产生的现金流量净额	150 474.52	866 406.20	3 133 808.56

表 5-12　甲公司 2019—2021 年长期偿债能力指标

指　标	2021 年度	2020 年度	2019 年度
资产负债率/%			
产权比率/%			
有形净值债务率/%			
权益乘数			
利息保障倍数			
现金债务总额比率/%			

班级____________ 姓名____________ 学号____________

（2）依据表 5-12 中的数据，分析甲公司 2019—2021 年资产负债率、产权比率、有形净值债务率、权益乘数、利息保障倍数和现金债务总额比率等长期偿债能力指标，并综合评价甲公司 2019—2021 年的长期偿债能力，然后将分析结论填写到表 5-13 中。

表 5-13 甲公司 2019—2021 年长期偿债能力分析结论

分析内容	分析结论
资产负债率指标	
产权比率及有形净值债务率指标	
权益乘数指标	
利息保障倍数指标	
现金债务总额比率指标	
长期偿债能力综合情况	

班级______ 姓名______ 学号______

（五）任务评价

各组派代表展示任务实施成果，并配合指导老师完成表 5-14 所示的任务评价表。

表 5-14 任务评价表

<table>
<tr><th rowspan="2">评价项目</th><th rowspan="2">评价内容</th><th colspan="4">评价分数</th></tr>
<tr><th>分值</th><th>自评</th><th>组评</th><th>师评</th></tr>
<tr><td rowspan="3">职业素养考核目标（40%）</td><td>考勤、仪容仪表</td><td>10 分</td><td></td><td></td><td></td></tr>
<tr><td>责任意识、纪律意识</td><td>10 分</td><td></td><td></td><td></td></tr>
<tr><td>团队合作与交流</td><td>20 分</td><td></td><td></td><td></td></tr>
<tr><td rowspan="3">专业能力考核目标（60%）</td><td>任务准备过程记录及讨论的完成度</td><td>20 分</td><td></td><td></td><td></td></tr>
<tr><td>任务实施过程记录的完成度</td><td>20 分</td><td></td><td></td><td></td></tr>
<tr><td>任务实施成果的展示效果</td><td>20 分</td><td></td><td></td><td></td></tr>
<tr><td rowspan="2">合计</td><td>综合分数______自评（25%）+组评（25%）+师评（50%）</td><td>100 分</td><td></td><td></td><td></td></tr>
<tr><td>综合等级______</td><td colspan="4">指导老师签字______</td></tr>
<tr><td>综合评价</td><td colspan="5"></td></tr>
</table>

一、影响长期偿债能力的因素

（一）企业的资本结构

企业的资本结构是指企业资金来源的结构。一般而言，在总资本中，来源于长期负债的资金越少，来源于所有者权益的资金越多，企业长期偿债能力越有保障。但是，从企业角度来看，过于保守的资本结构，又会削弱企业的盈利能力，并最终削弱企业的长期偿债能力。因此，企业必须保持合理的资本结构，才能保证企业具有足够的长期偿债能力。

（二）企业的盈利能力

从举债的目的来看，企业使用资金成本较低的负债资金是为了获取更多的收益，举债是否创造了更多的收益取决于举债资金投资获得的收益与举债利息之差。而负债利息往往是稳定的，因此，企业盈利能力越强，长期偿债能力越强；反之，则长期偿债能力越弱。如果企业长期亏损，则企业可能需要通过变卖资产才能偿债，否则企业的正常生产经营活动将无法进行，最终影响债权人和投资者的利益。因此，盈利能力是影响长期偿债能力的重要因素之一。

（三）企业的现金流量

企业的债务最终要靠现金来偿还，盈利能力是企业偿债能力的根本保障，而足够的现金流入量是长期债务本息得以偿还的基础。企业只有具备较强的变现能力，充裕的现金，才能保证其有真正的偿债能力。因此，企业的现金流量状况是企业偿债能力保障的关键因素之一。

（四）其他因素

除以上主要因素外，企业的负债担保、未决诉讼等因素也影响着企业的长期偿债能力。

二、长期偿债能力分析

可以通过以下财务指标分析评价企业长期偿债能力。

（一）资产负债率

资产负债率又称债务比率，是指全部负债总额与全部资产总额之间的比率。资产负债率反映资产总额中有多大比例是通过负债筹资形成的，可用于衡量企业利用债权人的资金进行财务活动的能力，同时也反映企业在某一时点对债权人权益的保障程度。

1．资产负债率指标的计算与分析

资产负债率的高低取决于企业负债总额与资产总额的大小，其计算公式为

$$资产负债率=\frac{负债总额}{资产总额}\times 100\% \tag{5-7}$$

资产负债率揭示了资产与负债的依存关系，资产负债率越高，表明资产对负债的保障程度越低。例如，A 企业的资产负债率为 30%，表明每 1 元资产对 0.30 元负债作保障；B 企业的资产负债率为 50%，表明每 1 元资产对 0.50 元负债作保障。显然，B 企业资产负债率较 A 企业更高，即 B 企业资产对负债的保障程度更低，财务风险也更大。

提　示

资产负债率的高低并没有严格的标准，不同行业的企业乃至同一企业的不同时期，对资产负债率的要求都是不一样的。因此，分析人员可以将计算出的资产负债率与行业标准（或企业历史标准）相比较，以便了解企业的财务风险和长期偿债能力在整个行业中（或不同历史时期中）是偏高还是偏低。如果发现企业的资产负债率过高或在某一期间资产负债率突然增高，应进一步查明原因，并及时采取改善的对策，以防止长期偿债能力进一步恶化，出现财务危机。

对于企业来说，资产负债率并不是越低越好。因为资产负债率越低，表明企业以负债取得的资产越少，即企业运用外部资金的能力越差。因此，分析人员对资产负债率进行分析评价时，需要在收益与风险之间权衡利弊，在充分考虑企业内部各种因素的影响和分析外部市场环境的基础上，做出正确合理的判断。

提　示

债权人、投资者和经营管理者对资产负债率的要求各不相同。

债权人最关心的是债权能否按规定的日期足额收回，他们希望资产负债率越低越好。

投资者最关心投入的资本能否获得更多收益。当企业利润率高于借款利息率时，由于财务杠杆的作用，投资者希望资产负债率越高越好；当利润率低于借款利息率时，借入资金的一部分利息就要用属于投资者的利润来偿还，此时，投资者则希望资产负债率越低越好。

经营管理者最关心的是能否在充分利用负债资金给企业获取更多收益的同时，尽可能降低财务风险。当企业财务前景乐观时，就希望增加负债以提高资产负债率；相反，若财务前景欠佳，则希望减少负债以降低资产负债率。

2．计算与分析资产负债率指标应注意的问题

（1）资产负债率的计算并没有考虑到负债的期限结构、资产结构和会计政策的影响，导致资产负债率可能无法准确反映企业的长期偿债能力。例如，企业资产结构中无形资产比

重过高，在企业破产清算时，企业的长期偿债能力可能被高估，因为企业所拥有的无形资产将不具备实质性的债务偿付能力。又如，企业选择会计政策的不同，使资产的账面价值和实际价值之间可能存在一定的差异，导致无法准确反映企业的长期偿债能力。

（2）资产负债率是一个静态指标，它可以反映企业在某一时点对债权人权益的保障程度。而财务分析是建立在企业持续经营的基础上，在此情况下，长期资产一般不用于直接偿付债务，且随着时间的推移，长期资产的价值将随着企业的运营而发生变化。因此，资产负债率无法完全反映企业未来偿付债务的能力。

（二）产权比率

产权比率又称债务权益比率，是企业的负债总额和所有者权益（或股东权益）总额之间的比率，它反映了企业所有者权益对负债的保障程度。

1. 产权比率指标的计算与分析

产权比率是资产负债率的另一种表现形式，其计算公式为

$$产权比率=\frac{负债总额}{所有者权益总额}\times100\% \tag{5-8}$$

产权比率表明每 1 元所有者权益借入的债务数额。该指标越低，表明企业的长期偿债能力越强，债权人权益的保障程度越高，企业的财务风险越小。但当这一指标过低时，表明企业不能充分发挥负债的财务杠杆作用。因此，企业在评价产权比率适度与否时，应从增强长期偿债能力与提高获利能力两个方面综合考虑。

知识拓展

有形净值债务率

产权比率反映的偿债能力是以净资产为物质保障的。但是，在净资产中无形资产项目的价值具有极大的不确定性，且不易形成支付能力，因此，在使用产权比率时，一般结合有形净值债务率指标进行分析。有形净值债务率实际上是一个更为保守的产权比率，是企业负债总额与有形资产净值之间的比率，其计算公式为

$$有形净值债务率=\frac{负债总额}{有形资产净值}\times100\% \tag{5-9}$$

其中，有形资产净值是所有者权益减去无形资产后的净值，其计算公式为

$$有形资产净值=所有者权益总额-无形资产总额 \tag{5-10}$$

在企业陷入财务危机或面临清算等特殊情况下，有形净值债务率更能反映出对债权人利益的保障程度。该指标越低，保障程度越高，企业的有效偿债能力越强；反之，企业的有效偿债能力越弱。

2. 计算与分析产权比率指标应注意的问题

产权比率是对资产负债率的必要补充，其分析方法与资产负债率的分析相似，计算与分析资产负债率指标应注意的问题，在计算与分析产权比率指标时也应引起注意。

（三）权益乘数

权益乘数又称股本乘数，是指资产总额与所有者权益总额之间的比值。

1. 权益乘数指标的计算与分析

权益乘数的计算公式为

$$权益乘数=\frac{资产总额}{所有者权益总额} \tag{5-11}$$

权益乘数表示资产总额相当于所有者权益总额的倍数。权益乘数越大，表明所有者投入企业的资本占全部资产的比重越小，企业负债程度越高，财务风险越大，长期偿债能力越弱，债权人受保护程度越低；但如果是在财务风险可控的前提下，权益乘数越大，表明企业对负债经营利用得越充分。

知识拓展

资产负债率、权益乘数与产权比率之间的相互关系

$$权益乘数=\frac{资产总额}{所有者权益总额}=\frac{所有者权益总额+负债总额}{所有者权益总额}=1+产权比率 \tag{5-12}$$

$$权益乘数=\frac{资产总额}{所有者权益总额}=\frac{1}{股东权益比率}=\frac{1}{1-资产负债率} \tag{5-13}$$

其中，股东权益比率是指股东权益总额与资产总额之间的比率，表明企业全部资产中有多少是由投资者投资所形成的。其计算公式为

$$股东权益比率=\frac{股东权益总额}{资产总额}\times100\%=1-资产负债率 \tag{5-14}$$

2. 计算与分析权益乘数指标应注意的问题

权益乘数、产权比率与资产负债率都是用于衡量企业长期偿债能力的指标，它们之间可以互相补充。计算与分析资产负债率指标应注意的问题，在计算与分析权益乘数指标时也应引起注意。

（四）利息保障倍数

利息保障倍数又称已获利息倍数、利息偿付倍数，是指企业的息税前利润与利息支出的比值，用以反映企业获利能力对债务利息的保障程度。

1. 利息保障倍数指标的计算与分析

利息保障倍数的计算公式为

$$利息保障倍数=\frac{息税前利润}{利息支出} \tag{5-15}$$

提　示

计算公式中的“息税前利润”是指利润表中扣除利息费用和所得税费用之前的利润，可以用“利润总额+利息费用”表示；“利息支出”是指本期发生的全部应付利息，不仅包括利润表中计入“财务费用”项目的利息费用，还包括计入资产成本的利息费用。

利息保障倍数反映企业所实现的经营成果支付利息费用的能力。该指标越高，表明企业支付利息能力越强，企业对长期债务偿还的保障程度也越高；反之，该指标越低，表明企业支付利息能力越弱，企业对长期债务偿还的保障程度也越低。从长期来看，利息保障倍数至少应大于 1，若其低于 1，说明企业实现的经营成果不足以支付当期的利息，这意味着企业支付能力低，财务风险非常高，分析人员应高度重视。

提　示

息税前利润是按权责发生制核算出来的，有时利息保障倍数小于 1 也不能说明支付利息的能力差，因为有时存在大量的非付现成本；而利息保障倍数大于 1 也不一定说明支付利息的能力强，因为息税前利润只代表应计利润而非收现利润。

课堂讨论

计算利息保障倍数时，为什么使用“息税前利润”计算，而不使用“利润总额”或“净利润”？

2. 计算与分析利息保障倍数指标应注意的问题

利息保障倍数指标反映的是企业支付利息的能力，而非支付债务本金的能力，而衡量企业偿债能力时，既要衡量企业支付利息的能力，更要衡量企业支付债务本金的能力。此外，企业的债务本金和利息不是用利润本身支付，而是用现金支付，因此，分析该指标时要结合现金流量利息保障倍数、债务期限、债务本金等进行分析。

知识拓展

现金流量利息保障倍数

现金流量利息保障倍数是指企业经营活动产生的现金流量净额与利息支出的比值，反映企业经营活动产生的现金流量净额是利息支出的多少倍。其计算公式为

$$现金流量利息保障倍数=\frac{经营活动产生的现金流量净额}{利息支出} \quad (5\text{-}16)$$

现金流量利息保障倍数反映每1元利息支出有多少倍的经营现金流量作为保障。现金流量利息保障倍数克服了利息保障倍数从收益的角度衡量偿债能力的缺陷，尤其对于高速成长期的企业而言，息税前利润和经营活动现金流量可能出现较大差异，这时，使用现金流量利息保障倍数更加稳健和可靠。

（五）现金债务总额比率

现金债务总额比率是指企业本期经营活动产生的现金流量净额与债务总额的比率，它可以从现金流量角度来反映企业的长期偿债能力。

1. 现金债务总额比率指标的计算与分析

现金债务总额比率是评估企业长期偿债能力的重要指标，同时它也是预测企业破产的可靠指标，其计算公式为

$$现金债务总额比率=\frac{本期经营活动产生的现金流量净额}{债务总额}\times 100\% \quad (5\text{-}17)$$

一般情况下，现金债务总额比率越高，表明企业长期偿债能力越强，企业破产的可能性越小；现金债务总额比率越低，企业财务灵活性越差，企业破产的可能性越大。但是，该指标也不是越大越好，指标过大则表明企业债务资金利用不充分，最终会影响企业的盈利能力。

2. 计算与分析现金债务总额比率指标应注意的问题

同现金流量比率一样，公式中用本期经营活动产生的现金流量净额代替下期经营活动产生的现金流量净额。

任务拓展　分析乙公司的长期偿债能力

步骤1 乙公司2019—2021年财务报表的部分数据情况如表5-15所示。依据表5-15中的数据，计算乙公司2019—2021年的长期偿债能力指标，并将计算结果填写到表5-16中。

以2021年“资产负债率”“产权比率”“有形净值债务率”“权益乘数”“利息保障倍数”和“现金债务总额比率”为例，计算过程如下。

$$2021年资产负债率=\frac{13\ 637\ 653.27}{21\ 745\ 949.42}\times 100\%\approx 62.71\%$$

$$2021年产权比率=\frac{13\ 637\ 653.27}{8\ 108\ 296.15}\times 100\%\approx 168.19\%$$

$$2021年有形净值债务率=\frac{13\ 637\ 653.27}{8\ 108\ 296.15-954\ 960.79}\times 100\%\approx 190.65\%$$

$$2021\text{年权益乘数}=\frac{21\ 745\ 949.42}{8\ 108\ 296.15}\approx 2.68$$

$$2021\text{年利息保障倍数}=\frac{1\ 591\ 603.04+71\ 244.81}{71\ 244.81}\approx 23.34$$

$$2021\text{年现金债务总额比率}=\frac{2\ 312\ 964.04}{13\ 637\ 653.27}\times 100\%\approx 16.96\%$$

表 5-15　乙公司 2019—2021 年财务报表的部分数据情况

单位：万元

项　目	2021 年度	2020 年度	2019 年度
资产总额	21 745 949.42	20 349 816.95	18 745 423.63
负债总额	13 637 653.27	13 536 605.92	12 246 437.60
所有者权益	8 108 296.15	6 813 211.03	6 498 986.03
无形资产	954 960.79	1 001 814.59	1 068 707.18
利润总额	1 591 603.04	1 357 457.87	1 463 060.89
利息费用	71 244.81	132 709.14	174 710.77
经营活动产生的现金流量净额	2 312 964.04	1 760 951.38	1 508 263.10

表 5-16　乙公司 2019—2021 年的长期偿债能力指标

指　标	2021 年度	2020 年度	2019 年度
资产负债率/%	62.71	66.52	65.33
产权比率/%	168.19	198.68	188.44
有形净值债务率/%	190.65	232.93	225.52
权益乘数	2.68	2.99	2.88
利息保障倍数	23.34	11.23	9.37
现金债务总额比率/%	16.96	13.01	12.32

步骤 2　依据表 5-16 中的数据，分析乙公司 2019—2021 年的长期偿债能力。

（1）分析资产负债率指标：乙公司 2019—2021 年资产负债率分别为 65.33%、66.52% 和 62.71%，该指标 2020 年有所上升、2021 年有所下降，因此单纯从资产负债率指标分析，乙公司的长期偿债能力 2020 年有所减弱、2021 年有所增强。

（2）分析产权比率及有形净值债务率指标：乙公司 2019—2021 年产权比率分别为 188.44%、198.68%和 168.19%，有形净值债务率分别为 225.52%、232.93%和 190.65%，两个指标均 2020 年有所上升、2021 年有所下降，因此单纯从产权比率及有形净值债务率两个指标分析，乙公司的长期偿债能力 2020 年有所减弱、2021 年有所增强。

（3）分析权益乘数指标：乙公司 2019—2021 年权益乘数分别为 2.88、2.99 和 2.68，该指标 2020 年有所上升、2021 年有所下降，因此单纯从权益乘数指标分析，乙公司的长期偿债能力 2020 年有所减弱、2021 年有所增强。

（4）分析利息保障倍数指标：乙公司 2019—2021 年利息保障倍数分别为 9.37、11.23 和 23.34，该指标逐年上升，表明乙公司对债务利息的保障程度逐年提高。

（5）分析现金债务总额比率指标：乙公司 2019—2021 年现金债务总额比率分别为 12.32%、13.01%和 16.96%，该指标逐年上升，从现金流量角度反映出乙公司偿付负债的能力在逐年增强。

（6）综合评价长期偿债能力：综上所述，乙公司 2019—2021 年资产负债率、产权比率、有形净值债务率及权益乘数均 2020 年有所上升、2021 年有所下降，表明乙公司的长期偿债能力 2020 年有所减弱、2021 年有所增强。而利息保障倍数和现金债务总额比率两个指标均逐年上升，表明乙公司 2019—2021 年对债务利息的保障程度逐年提高且从现金流量角度反映出乙公司偿付负债的能力在逐年增强。

班级____________ 姓名____________ 学号____________

项目实训

（一）实训要求

H 公司在同行业中典型的竞争对手有 K 公司、X 公司、Y 公司及 Z 公司，依据 H 公司所在行业的偿债能力指标情况，分析 H 公司的偿债能力。

（二）实训内容

（1）2022 年 H 公司及其同行业几家公司的偿债能力指标如表 5-17 所示。

表 5-17 2022 年 H 公司及其同行业几家公司的偿债能力指标

指　标	H 公司	K 公司	X 公司	Y 公司	Z 公司	五家均值
流动比率	1.12	1.17	0.62	2.27	3.59	1.75
现金比率	0.16	0.39	0.08	0.68	0.88	0.44
现金流量比率	0.18	0.23	0.15	0.18	0.52	0.25
资产负债率/%	63.54	29.56	64.83	49.73	18.45	45.22
利息保障倍数	7.79	19.33	3.02	16.60	20.23	13.39
现金债务总额比率/%	8.13	9.22	10.17	8.40	15.96	10.38

（2）依据表 5-17 中的数据，分析 H 公司 2022 年偿债能力，并把分析结论填写到表 5-18 中。

表 5-18 H 公司 2022 年偿债能力分析结论

分析内容	分析结论
短期偿债能力	
长期偿债能力	

班级＿＿＿＿＿＿　姓名＿＿＿＿＿＿　学号＿＿＿＿＿＿

项目考核

（一）单项选择题

（1）（　　）是指企业速动资产与流动负债的比值。

A．营运资本　　B．流动比率

C．速动比率　　D．现金比率

（2）某企业期末货币资金为 160 万元，流动负债为 240 万元，流动资产为 320 万元，则该企业的现金比率为（　　）。

A．0.67　　B．0.50

C．1.33　　D．2.00

（3）权益乘数越大，表明企业的长期偿债能力（　　）。

A．越强　　B．越弱

C．不确定　　D．不变

（4）某企业期末总资产为 100 万元，流动负债为 20 万元，非流动负债为 40 万元，则该企业的产权比率为（　　）。

A．1.5　　B．0.5

C．2　　D．2.5

（二）多项选择题

（1）反映短期偿债能力的静态指标包括（　　）。

A．营运资本　　B．流动比率

C．速动比率　　D．现金流量比率

（2）用于分析评价长期偿债能力的指标有（　　）。

A．资产负债率　　B．流动比率

C．利息保障倍数　　D．现金债务总额比率

（3）影响长期偿债能力的因素有（　　）。

A．资本结构　　B．盈利能力

C．现金流量　　D．或有事项

（4）下列关于长期偿债能力指标的表述，正确的有（　　）。

A．产权比率反映了企业所有者权益对负债的保障程度

B．资产负债率反映资产总额中有多大比例是通过负债筹资形成的

C．权益乘数表示资产总额相当于所有者权益总额的倍数

D．资产负债率的计算考虑了负债的期限结构、资产结构和会计政策的影响

班级＿＿＿＿＿＿　姓名＿＿＿＿＿＿　学号＿＿＿＿＿＿

（三）判断题

（1）营运资本指标既可用于同一企业不同时期的纵向比较，又可用于同一时期不同企业的横向比较。（　）

（2）资产负债率是一个动态指标，能够反映企业未来偿付债务的能力。（　）

（3）一般来说，流动比率越高，企业的短期偿债能力越强。（　）

（4）从长期来看，利息保障倍数至少应大于1，若其低于1，说明企业实现的经营成果不足以支付当期的利息。（　）

（四）思考题

（1）计算与分析流动比率指标应注意哪些问题？

（2）计算与分析利息保障倍数指标应注意哪些问题？

（五）计算分析题

T公司2022年利息费用为196.00万元、利润总额为924.00万元、经营活动产生的现金流量净额为812.00万元。T公司2022年12月31日简化的资产负债表如表5-19所示。

表5-19　资产负债表（简表）

编制单位：T公司　　2022年12月31日　　单位：万元

资　产	期初余额	期末余额	负债及所有者权益	期初余额	期末余额
货币资金	812.00	768.00	应付账款	1 060.00	1 239.00
应收账款	790.00	865.00	应付票据	1 195.00	821.00
存货	1 498.00	1 527.00	其他流动负债	85.00	170.00
非流动资产合计	1 600.00	1 920.00	非流动负债合计	1 250.00	1 560.00
			所有者权益合计	1 110.00	1 290.00
资产总计	4 700.00	5 080.00	负债及所有者权益总计	4 700.00	5 080.00

班级____________ 姓名____________ 学号____________

要求：（1）计算 T 公司 2022 年的流动比率、速动比率、现金比率、现金流量比率、资产负债率、产权比率、权益乘数、利息保障倍数和现金债务总额比率。

（2）评价 T 公司的偿债能力。

项目六 企业盈利能力分析

项目导读

盈利能力是指企业获取利润的能力，企业的盈利能力越强，企业价值越大，表明企业经营管理者经营业绩和管理效能越强，企业给予投资者的回报越高，企业对债权人债务的保障程度越高。而盈利能力分析是营运能力分析的目的和归宿，也是偿债能力和发展能力分析的结果与表现。通过盈利能力分析，分析人员能够及时发现企业经营管理中存在的问题，企业积极解决这些问题，可以促进利润的持续稳定增长，进而实现企业的可持续发展。

知识目标

- 理解一般企业盈利能力的分析内容及方法。
- 理解上市公司盈利能力的分析内容及方法。

技能目标

- 具有分析评价一般企业盈利能力的技能。
- 具有分析评价上市公司盈利能力的技能。

素养目标

- 树立服务祖国、服务社会的理想信念。

任务一　分析一般企业盈利能力

任务导入

企业具有较强的盈利能力，对企业的生存、发展非常重要，因此盈利能力分析对企业及其利益相关者都至关重要。一般企业盈利能力分析包括营业盈利能力分析、资产盈利能力分析及资本盈利能力分析等几个方面。

小王结合丙公司近几年的利润表及现金流量表，计算一般企业盈利能力的各种指标，运用比率分析法分析评价丙公司的盈利能力，以了解丙公司盈利能力的强弱及变化情况，揭示丙公司收入获取水平、成本费用耗费情况、资产盈利能力、资本盈利能力及利润质量，并作为经营管理者未来决策的依据。

本任务的知识和技能要求如表 6-1 所示。

表 6-1　知识和技能要求

类　型	具体内容	学习程度		
		了解	理解	应用
知识要求	营业盈利能力的分析内容及方法		●	
	资产盈利能力的分析内容及方法		●	
	资本盈利能力的分析内容及方法		●	
技能要求	分析丙公司营业盈利能力			●

班级＿＿＿＿＿＿ 姓名＿＿＿＿＿＿ 学号＿＿＿＿＿＿

任务工单 »

（一）任务描述

计算丙公司营业盈利能力指标，运用比率分析法分析评价丙公司的营业盈利能力。

（二）任务分工

以 3～5 人为一组进行分组，每组设组长 1 名，小组讨论任务分工并将分工情况填写到表 6-2 中。

表 6-2 小组成员及分工情况

小组成员	姓 名	学 号	任务分工
组长			
组员			

（三）任务准备

在进入具体操作前，请各组长组织组员观看“营业盈利能力分析相关知识”的预习视频，并收集和整理以下相关资料，进行讨论分析。

营业盈利能力分析相关知识

（1）什么是营业盈利能力？

（2）营业盈利能力的评价指标有哪些，如何计算并运用其对企业营业盈利能力进行分析评价？

班级____________ 姓名____________ 学号____________

（四）任务实施

（1）丙公司 2019—2021 年部分财务数据情况如表 6-3 所示。依据表 6-3 中的数据，计算丙公司 2019—2021 年的营业盈利能力指标，并将计算结果填写到表 6-4 中。

表 6-3　丙公司 2019—2021 年部分财务数据情况

单位：万元

项　目	2021 年度	2020 年度	2019 年度
营业收入	8 618 314.58	5 926 613.03	6 339 746.66
营业成本	7 654 581.40	5 353 755.75	5 524 377.79
营业毛利	963 733.18	572 857.28	815 368.87
营业利润	378 553.32	76 514.51	137 721.84
利润总额	368 966.64	68 080.40	139 013.77
成本费用总额	8 287 510.96	5 844 946.63	6 239 446.68
净利润	316 756.51	66 166.02	89 406.78

表 6-4　丙公司 2019—2021 年营业盈利能力指标

单位：%

指　标	2021 年度	2020 年度	2019 年度
营业毛利率			
营业利润率			
营业净利率			
成本费用利润率			

（2）依据表 6-4 中的数据，分析丙公司 2019—2021 年营业毛利率、营业利润率、营业净利率和成本费用利润率等营业盈利能力指标，并综合评价丙公司 2019—2021 年的营业盈利能力，然后将分析结论填写到表 6-5 中。

表 6-5　丙公司 2019—2021 年营业盈利能力分析结论

分析内容	分析结论
营业毛利率指标	
营业利润率指标	

班级____________ 姓名____________ 学号____________

（续表）

分析内容	分析结论
营业净利率指标	
成本费用利润率指标	
营业盈利能力综合情况	

（五）任务评价

各组派代表展示任务实施成果，并配合指导老师完成表 6-6 所示的任务评价表。

表 6-6 任务评价表

评价项目	评价内容	评价分数			
		分值	自评	组评	师评
职业素养考核目标（40%）	考勤、仪容仪表	10 分			
	责任意识、纪律意识	10 分			
	团队合作与交流	20 分			
专业能力考核目标（60%）	任务准备过程记录及讨论的完成度	20 分			
	任务实施过程记录的完成度	20 分			
	任务实施成果的展示效果	20 分			
合计	综合分数______自评（25%）+组评（25%）+师评（50%）	100 分			
	综合等级______	指导老师签字__________			
综合评价					

一、营业盈利能力分析

营业盈利能力是指企业在生产经营过程中产生利润的能力，是企业盈利能力最明显的外在表现。

反映企业营业盈利能力的指标主要有营业毛利率、营业利润率、营业净利率、成本费用利润率。

（一）营业毛利率

营业毛利率是指营业毛利与营业收入之间的比率，它是评价企业基本盈利能力的指标。

1. 营业毛利率指标的计算与分析

营业毛利率的计算公式为

$$营业毛利率=\frac{营业毛利}{营业收入}\times 100\% \tag{6-1}$$

营业毛利率表明每100元营业收入能为企业带来多少营业毛利。该指标越高，表明企业营业盈利能力越强，其产品在市场上的竞争能力越强；反之，该指标越低，则表明企业营业盈利能力越弱。

提 示

营业毛利率的高低与企业战略相关。例如，实行产品差异化战略的企业往往定价高，营业毛利率也高；实行低成本战略的企业往往定价低，营业毛利率也低。此外，产品规模、产品价格和产品成本都将对营业毛利率产生直接影响。

2. 计算与分析营业毛利率指标应注意的问题

营业毛利率具有明显的行业性和周期性特点。一般情况下，高科技行业的营业毛利率比普通行业的营业毛利率高；新兴行业的营业毛利率比传统行业的营业毛利率高；轻资产行业的营业毛利率比重资产行业的营业毛利率高。此外，营业毛利率的高低变化还与所处的经济环境相关，特别是对于周期性行业来说，企业营业毛利率的变化更有明显的周期性。因此，在分析该指标时，分析人员应注意将其与行业标准或历史标准进行比较，从而更准确地评价企业的营业盈利能力。

课堂讨论

营业毛利率的变动和哪些因素有关？举例说明不同行业中你所熟悉的企业的营业毛利率的水平分别是多少？

（二）营业利润率

营业利润率是指营业利润与营业收入之间的比率。它是最能直接体现企业经营管理水平的指标，也是对企业营业盈利能力的直接评价指标。

1. 营业利润率指标的计算与分析

营业利润率的计算公式为

$$营业利润率=\frac{营业利润}{营业收入}\times 100\% \tag{6-2}$$

营业利润率表明每 100 元营业收入能为企业带来多少营业利润。与营业毛利率相比，营业利润率对企业盈利能力的分析和评价更全面、更完整。一般情况下，营业利润率越高越好。该指标越高，表明企业经营状况越好，营业盈利能力越强，未来发展前景越可观；反之，该指标越低，则表明企业营业盈利能力越差。

2. 计算与分析营业利润率指标应注意的问题

（1）和营业毛利率类似，营业利润率也具有行业性和周期性的特点。

（2）从计算公式可以看出，营业利润率的高低与营业利润成正比，与营业收入成反比。因此，企业在增加收入的同时，必须相应地获得更多的营业利润，才能使营业利润率保持不变或有所提高，这就要求企业在扩大销售、增加收入的同时，还要注意改善经营管理，以提高盈利水平。

（三）营业净利率

营业净利率是指净利润与营业收入之间的比率。它反映了企业最终获得的利润占营业收入的比率，代表企业的最终盈利水平。

1. 营业净利率指标的计算与分析

营业净利率的计算公式为

$$营业净利率=\frac{净利润}{营业收入}\times 100\% \tag{6-3}$$

营业净利率表明每 100 元营业收入给企业带来多少净利润。净利润是投资者最为关心的，因为净利润的高低，直接反映了投资者的投资收益水平。一般情况下，营业净利率越高，表明企业营业盈利能力越强。

2. 计算与分析营业净利率指标应注意的问题

（1）和营业毛利率类似，营业净利率也具有行业性和周期性的特点。

（2）净利润中包含了营业外收支净额和投资净收益，这些指标在年度之间变化较大且无规律，分析人员应将营业净利率指标的数额与净利润的内部构成结合起来分析，以正确判断企业正常经营的盈利能力。如果本期营业净利率的升降主要是受营业外项目的影响，就不能简单地认为企业管理水平有了提高或降低。

（四）成本费用利润率

成本费用利润率是指利润总额和成本费用总额之间的比率，它是从成本费用耗费角度衡量企业营业盈利能力的重要指标。

成本费用利润率的计算公式为

$$成本费用利润率=\frac{利润总额}{成本费用总额}\times 100\% \tag{6-4}$$

其中，成本费用总额的计算公式为

$$成本费用总额=营业成本+税金及附加+销售费用+管理费用+财务费用 \tag{6-5}$$

成本费用利润率表明企业每耗费100元成本费用所能创造的利润，揭示了企业所得与所费之间的关系。从耗费角度补充评价企业的收益状况和盈利水平，有利于企业加强内部管理，节约支出，提高经营效益。每个企业都力求以最少的耗费获取最大的利润，因此该比率越高，表明企业为取得收益所付出的代价越小，企业成本费用控制得越好，企业盈利能力越强。

素养之窗

成本费用的高低是决定企业利润大小的重要因素之一。但是企业的经营管理者在制订成本费用控制方案时，既要考虑控制成本总额，优化成本结构，达到成本管理效果，也要结合企业的实际业务和发展情况。尤其是关于职工薪酬的设计方案，应坚持以人为本、促进社会和谐发展的原则，充分展现企业的社会责任，保证职工的利益不受损害，同时努力提升职工的成就感和幸福感。

而职工个人的职业规划也要和企业的发展相结合、要与时代机遇相结合，实现个人抱负的同时，树立服务祖国、服务社会的理想信念。

二、资产盈利能力分析

资产盈利能力是指企业运营资产而产生利润的能力。资产盈利能力分析，一般是经营管理者从企业的整体角度来分析企业的盈利能力，分析指标主要是总资产报酬率。

总资产报酬率是指息税前利润与总资产平均余额之间的比率，反映了企业全部资产在支付税费之前带来的全部收益，其计算公式为

$$总资产报酬率=\frac{息税前利润}{总资产平均余额}\times 100\% \tag{6-6}$$

其中，总资产平均余额的计算公式为

$$总资产平均余额=\frac{总资产期初余额+总资产期末余额}{2} \tag{6-7}$$

总资产报酬率反映了企业综合运用所拥有的全部经济资源获得的经济利益，是一个综合性的效益指标。该指标越高，表明企业总资产的运营效益越好，总资产盈利能力越强。

典型案例

例 6-1 丁公司 2019—2021 年部分财务数据情况如表 6-7 所示。要求：计算并分析丁公司 2019—2021 年总资产报酬率。

表 6-7 丁公司 2019—2021 年部分财务数据情况

单位：万元

项　目	2021 年度	2020 年度	2019 年度
利润总额	35 444.33	50 775.62	40 121.00
利息费用	918.20	927.99	520.35
息税前利润	36 362.53	51 703.61	40 641.35
总资产期初余额	2 016 300.14	1 881 890.85	1 962 971.34
总资产期末余额	1 988 164.81	2 016 300.14	1 881 890.85
总资产平均余额	2 002 232.48	1 949 095.50	1 922 431.10

（1）计算丁公司 2019—2021 年总资产报酬率。

$$2019\text{年总资产报酬率}=\frac{40\ 641.35}{1\ 922\ 431.10}\times100\%\approx2.11\%\text{。}$$

$$2020\text{年总资产报酬率}=\frac{51\ 703.61}{1\ 949\ 095.50}\times100\%\approx2.65\%\text{。}$$

$$2021\text{年总资产报酬率}=\frac{36\ 362.53}{2\ 002\ 232.48}\times100\%\approx1.82\%\text{。}$$

（2）分析丁公司 2019—2021 年总资产报酬率。

通过计算可以看出，丁公司 2019—2021 年总资产报酬率分别为 2.11%、2.65%和 1.82%，该指标 2020 年有所上升、2021 年有所下降，表明丁公司 2019—2021 年总资产盈利能力 2020 年有所增强、2021 年有所减弱。

知识拓展

总资产利润率和总资产净利率

总资产利润率是指利润总额与总资产平均余额之间的比率，反映了企业在一定时期内总资产所实现的利润总额，其计算公式为

$$\text{总资产利润率}=\frac{\text{利润总额}}{\text{总资产平均余额}}\times100\% \qquad (6\text{-}8)$$

总资产净利率是指净利润与总资产平均余额之间的比率，反映了企业的经营效率和盈利能力，其计算公式为

$$总资产净利率=\frac{净利润}{总资产平均余额}\times 100\% \quad (6\text{-}9)$$

一般情况下，总资产利润率和总资产净利率越高，表明企业资产的利用效果越好，企业总资产盈利能力越强。

三、资本盈利能力分析

资本盈利能力是指企业通过运营投资者投入的资本获取利润的能力。反映资本盈利能力的指标有资本金利润率、净资产报酬率和净资本现金回收率。

（一）资本金利润率

资本金利润率是指利润总额与资本金平均余额之间的比率，直接反映了企业投资者投入资本的回报水平，是衡量投资者投入资本盈利能力的重要指标。

资本金利润率的计算公式为

$$资本金利润率=\frac{利润总额}{资本金平均余额}\times 100\% \quad (6\text{-}10)$$

其中，资本金平均余额的计算公式为

$$资本金平均余额=\frac{资本金期初余额+资本金期末余额}{2} \quad (6\text{-}11)$$

资本金利润率越高，表明企业投资者投入资金的回报水平越高，企业资本盈利能力越强。

提　示

资本金一般指所有者投入的资本，即实收资本和资本公积中资本溢价的部分。

（二）净资产报酬率

净资产报酬率又称净资产收益率或股东权益报酬率，是指净利润与平均净资产之间的比率。该指标充分反映了投资者投入企业的自有资本获取净收益的能力，是从投资者的角度来考核企业的盈利能力，是投资者最为关注的盈利能力指标。

净资产报酬率的计算公式为

$$净资产报酬率=\frac{净利润}{净资产平均余额}\times 100\% \quad (6\text{-}12)$$

其中，净资产平均余额的计算公式为

$$\text{净资产平均余额}=\frac{\text{净资产期初余额}+\text{净资产期末余额}}{2} \tag{6-13}$$

净资产报酬率表明投资者每100元投资将获取多少回报，是评价企业盈利能力的核心指标。一般情况下，净资产报酬率越高，企业自有资本获取利润的能力越强，营运效益越好，对企业投资者、债权人的保证程度越高；反之，则表明企业自有资本盈利能力越差。

典型案例

例6-2 假设丁公司2019—2021年部分财务数据情况如表6-8所示。要求：计算并分析丁公司2019—2021年净资产报酬率。

表6-8 丁公司2019—2021年部分财务数据情况

单位：万元

项　目	2021年度	2020年度	2019年度
净利润	38 221.05	55 290.88	41 358.47
净资产期初余额	809 183.66	769 521.61	746 121.45
净资产期末余额	829 701.41	809 183.66	769 521.61
净资产平均余额	819 442.54	789 352.64	757 821.53

（1）计算丁公司2019—2021年净资产报酬率。

$$2019\text{年净资产报酬率}=\frac{41\ 358.47}{757\ 821.53}\times 100\%\approx 5.46\%。$$

$$2020\text{年净资产报酬率}=\frac{55\ 290.88}{789\ 352.64}\times 100\%\approx 7.00\%。$$

$$2021\text{年净资产报酬率}=\frac{38\ 221.05}{819\ 442.54}\times 100\%\approx 4.66\%。$$

（2）分析丁公司2019—2021年净资产报酬率。

通过计算可以看出，丁公司2019—2021年净资产报酬率分别为5.46%、7.00%和4.66%，该指标2020年有所上升、2021年有所下降，表明丁公司2019—2021年自有资本盈利能力2020年有所增强、2021年有所减弱。

任务拓展　分析丁公司营业盈利能力

步骤1 丁公司2019—2021年部分财务数据情况如表6-9所示。依据表6-9中的数据，计算丁公司2019—2021年的营业盈利能力指标，并将计算结果填写到表6-10中。

以2021年“营业毛利率”“营业利润率”“营业净利率”和“成本费用利润率”为例，计算过程如下。

$$2021\text{年营业毛利率} = \frac{162\,982.34}{1\,555\,003.71} \times 100\% \approx 10.48\%$$

$$2021\text{年营业利润率} = \frac{38\,384.26}{1\,555\,003.71} \times 100\% \approx 2.47\%$$

$$2021\text{年营业净利率} = \frac{38\,221.05}{1\,555\,003.71} \times 100\% \approx 2.46\%$$

$$2021\text{年成本费用利润率} = \frac{35\,444.33}{1\,554\,492.12} \times 100\% \approx 2.28\%$$

表 6-9　丁公司 2019—2021 年部分财务数据情况

单位：万元

项　目	2021 年度	2020 年度	2019 年度
营业收入	1 555 003.71	1 373 340.14	1 352 014.06
营业成本	1 392 021.37	1 178 982.05	1 189 945.63
营业毛利	162 982.34	194 358.09	162 068.43
营业利润	38 384.26	60 003.33	40 382.72
利润总额	35 444.33	50 775.62	40 121.00
成本费用总额	1 554 492.12	1 356 753.84	1 365 675.79
净利润	38 221.05	55 290.88	41 358.47

表 6-10　丁公司 2019—2021 年的营业盈利能力指标

单位：%

指　标	2021 年度	2020 年度	2019 年度
营业毛利率	10.48	14.15	11.99
营业利润率	2.47	4.37	2.99
营业净利率	2.46	4.03	3.06
成本费用利润率	2.28	3.74	2.94

步骤 2 依据表 6-10 中的数据，分析丁公司 2019—2021 年的营业盈利能力。

（1）分析营业毛利率指标：丁公司 2019—2021 年营业毛利率分别为 11.99%、14.15% 和 10.48%，该指标 2020 年有所上升、2021 年有所下降，因此单纯从营业毛利率这个指标分析，丁公司营业盈利能力 2020 年有所增强、2021 年有所减弱。

（2）分析营业利润率指标：丁公司 2019—2021 年营业利润率分别为 2.99%、4.37% 和 2.47%，该指标 2020 年有所上升、2021 年有所下降，因此单纯从营业利润率这个指标分析，丁公司营业盈利能力 2020 年有所增强、2021 年有所减弱。

（3）分析营业净利率指标：丁公司 2019—2021 年营业净利率分别为 3.06%、4.03%和 2.46%，该指标 2020 年有所上升、2021 年有所下降，因此单纯从营业净利率这个指标分析，丁公司营业盈利能力 2020 年有所增强、2021 年有所减弱。

（4）分析成本费用利润率指标：丁公司 2019—2021 年成本费用利润率分别为 2.94%、3.74%和 2.28%，该指标 2020 年有所上升、2021 年有所下降，因此单纯从成本费用利润率这个指标分析，丁公司营业盈利能力 2020 年有所增强、2021 年有所减弱。

（5）综合评价丁公司营业盈利能力：综上所述，丁公司 2019—2021 年营业毛利率、营业利润率、营业净利率、成本费用利润率等营业盈利能力指标均 2020 年有所上升、2021 年有所下降，从这些指标可以判断丁公司营业盈利能力 2020 年有所增强、2021 年有所减弱。分析人员应进一步分析丁公司 2019—2021 年营业盈利能力变化的原因，并从根本上提出相应的解决对策，以提高丁公司未来的营业盈利能力。

任务二　分析上市公司盈利能力

任务导入

上市公司自身的特点决定了上市公司除一般企业盈利能力的分析指标外，还有一些专有的分析指标。这些指标往往与公司股票价格或发行在外的普通股股数有关，如每股收益、每股股利、市盈率等。它们都是投资者等会计信息使用者评价上市公司盈利能力的重要工具。

小王结合甲公司（上市公司）近几年的资产负债表及利润表，计算上市公司盈利能力的各种指标，运用比率分析法分析评价甲公司的盈利能力，以了解甲公司盈利能力的强弱及变化情况，揭示甲公司盈利水平及质量，并作为经营管理者未来决策的依据。

本任务的知识和技能要求如表 6-11 所示。

表 6-11　知识和技能要求

类　型	具体内容	学习程度		
		了解	理解	应用
知识要求	上市公司盈利能力的分析内容及方法		●	
技能要求	分析甲上市公司盈利能力			●

班级____________ 姓名____________ 学号____________

任务工单

（一）任务描述

计算甲上市公司盈利能力指标，运用比率分析法分析评价甲上市公司的盈利能力。

（二）任务分工

以3～5人为一组进行分组，每组设组长1名，小组讨论任务分工并将分工情况填写到表6-12中。

表6-12 小组成员及分工情况

小组成员	姓　名	学　号	任务分工
组长			
组员			

（三）任务准备

在进入具体操作前，请各组长组织组员观看“上市公司盈利能力分析相关知识”的预习视频，并收集和整理以下资料，进行讨论分析。

上市公司盈利能力分析相关知识

（1）典型的上市公司盈利能力指标有哪些？

（2）如何计算上市公司盈利能力指标，并运用其对上市公司盈利能力进行分析评价？

班级＿＿＿＿＿＿　姓名＿＿＿＿＿＿　学号＿＿＿＿＿＿

（四）任务实施

（1）甲上市公司2019—2021年部分财务数据情况如表6-13所示。假设甲上市公司没有优先股，且2019—2021年内没有发行和回购股票的情况。依据表6-13中的数据，计算甲上市公司2019—2021年的盈利能力指标，并将计算结果填写到表6-14中。

表6-13　甲上市公司2019—2021年部分财务数据情况

项　目	2021年度	2020年度	2019年度
净利润/万元	2 157 078.97	2 028 599.55	2 258 312.08
普通股现金股利总额/万元	1 714 485.42	1 256 597.39	1 193 981.76
发行在外普通股股数/万股	571 495.14	571 495.14	571 495.14
每股市价（年平均价格）/元	37.66	45.62	54.40

表6-14　甲上市公司2019—2021年的盈利能力指标

指　标	2021年度	2020年度	2019年度
每股收益/元			
每股股利/元			
市盈率			

（2）依据表6-14中的数据，分析甲上市公司2019—2021年每股收益、每股股利和市盈率等盈利能力指标，并综合评价甲上市公司2019—2021年盈利能力，然后将分析结论填写到表6-15中。

表6-15　甲上市公司2019—2021年盈利能力分析结论

分析内容	分析结论
每股收益指标	
每股股利指标	

班级__________ 姓名__________ 学号__________

（续表）

分析内容	分析结论
市盈率指标	
盈利能力综合情况	

（五）任务评价

各组派代表展示任务实施成果，并配合指导老师完成表 6-16 所示的任务评价表。

表 6-16　任务评价表

评价项目	评价内容	评价分数			
		分值	自评	组评	师评
职业素养考核目标（40%）	考勤、仪容仪表	10 分			
	责任意识、纪律意识	10 分			
	团队合作与交流	20 分			
专业能力考核目标（60%）	任务准备过程记录及讨论的完成度	20 分			
	任务实施过程记录的完成度	20 分			
	任务实施成果的展示效果	20 分			
合计	综合分数______ 自评（25%）+组评（25%）+师评（50%）	100 分			
	综合等级______	指导老师签字______			
综合评价					

一、每股收益

每股收益又称每股盈余、每股利润，是指普通股股东每持有一股普通股所能享有的企业净利润或所需承担的企业净亏损，它是评价上市公司盈利能力的核心指标。

（一）每股收益指标的计算与分析

1. 每股收益指标的计算

每股收益包括基本每股收益和稀释每股收益。

（1）基本每股收益是按照归属于普通股股东的当期净利润除以发行在外普通股的加权平均数计算的每股收益，其计算公式为

$$\text{基本每股收益}=\frac{\text{净利润}-\text{优先股股利}}{\text{发行在外普通股的加权平均数}} \quad (6\text{-}14)$$

其中，发行在外普通股的加权平均数的计算公式为

$$\begin{aligned}\text{发行在外普通股的加权平均数}=&\text{期初发行在外普通股的股数}+\\&\text{当期新发行普通股的股数}\times\frac{\text{发行时间}}{\text{报告期时间}}-\\&\text{当期回购普通股的股数}\times\frac{\text{回购时间}}{\text{报告期时间}}\end{aligned} \quad (6\text{-}15)$$

提　示

发行时间、报告期时间和回购时间一般按照天数计算；在不影响计算结果合理性的前提下，可以采用简化的方法计算，即按月份计算。在按月份计算的时候，发行时间是指普通股发行的次月至报告期期末的月数，而回购时间是指普通股回购的次月至报告期期末的月数。

典型案例

例6-3　某上市公司2022年年初发行在外的普通股股数为3 000万股，于3月31日新发行普通股股数1 000万股，又于6月30日回购公司发行在外的普通股股数500万股。公司无优先股，2022年净利润为5 077.65万元。要求：计算该上市公司基本每股收益。

（1）计算该上市公司发行在外普通股的加权平均数。发行在外普通股的加权平均数 $=3\,000+1\,000\times\frac{9}{12}-500\times\frac{6}{12}=3\,500$（万股）。

（2）计算该上市公司基本每股收益。基本每股收益 $=\frac{5\,077.65}{3\,500}\approx1.45$（元）。

该上市公司基本每股收益为1.45元。

（2）稀释每股收益是以基本每股收益为基础，假定企业所有发行在外的稀释性潜在普通股均已转换为普通股，从而分别调整归属于普通股股东的当期净利润及发行在外普通股的加权平均数后计算的每股收益。

提　示

实践中，上市公司常常存在一些潜在的可能转换成上市公司股权的工具，如可转换债券、认股权证或股票期权等，这些工具有可能在将来的某一时点转换成普通股，从而减少上市公司的每股收益。

稀释每股收益，即假设上市公司存在的上述可能转换为上市公司股权的工具都在当期全部转换为普通股股份后计算的每股收益。相对于基本每股收益，稀释每股收益充分考虑了潜在普通股对每股收益的稀释作用，以反映公司在未来股本结构下的资本盈利水平。

稀释每股收益的计算公式为

$$\text{稀释每股收益}=\frac{\text{调整后的归属于普通股股东的当期净利润}}{\begin{array}{c}\text{计算基本每股收益时}\\\text{普通股加权平均数}\end{array}+\begin{array}{c}\text{假定稀释性潜在普通股转换为已发行}\\\text{普通股而增加的普通股股数的加权平均数}\end{array}} \tag{6-16}$$

提　示

（1）归属于普通股股东的当期净利润的调整。会计准则规定应当根据下列事项进行调整：第一，当期已确认为费用的稀释性潜在普通股的利息，该项会增加归属于普通股股东的当期净利润；第二，稀释性潜在普通股转换时将产生的收益或费用，会增加或者减少归属于普通股股东的当期净利润。

（2）计算稀释性潜在普通股转换为已发行普通股而增加的普通股股数的加权平均数时，以前发行的稀释性潜在普通股应当假设在当期期初转换，当期发行的稀释性潜在普通股应当假设在发行日转换。

典型案例

例 6-4 某上市公司 2022 年归属于普通股股东的净利润为 2 000 万元，期初发行在外普通股股数为 10 000 万股，年内普通股股数未发生变化。2021 年 1 月 1 日，公司按面值发行 20 000 万元的 3 年期可转换公司债券（转股价格为每股 10 元），每张面值 100 元，票面利率 2%，每年 12 月 31 日为付息日。2022 年 9 月 30 日，公司发行了 800 万份认股权证。已知企业所得税税率为 25%。要求：计算该上市公司 2022 年基本每股收益和稀释每股收益。

（1）计算基本每股收益。基本每股收益 $= \frac{2\ 000}{10\ 000} = 0.20$（元）。

（2）计算稀释每股收益。

调整归属于普通股股东的当期净利润：$2\ 000 + 20\ 000 \times 2\% \times (1-25\%) = 2\ 300$（万元）。

稀释性潜在普通股转换为已发行普通股而增加的普通股股数的加权平均数：$\frac{20\ 000}{10} \times \frac{12}{12} + 800 \times \frac{3}{12} = 2\ 200$（万股）。

稀释每股收益 $= \frac{2\ 300}{10\ 000 + 2\ 200} = 0.19$（元）。

该上市公司 2022 年基本每股收益和稀释每股收益分别为 0.20 元和 0.19 元。

2. 每股收益指标的分析

每股收益用于评价企业盈利能力，预测企业成长潜力，衡量普通股的盈利水平及投资风险，是投资者等会计信息使用者据以做出相关经济决策的重要财务指标。每股收益越大，表明上市公司的盈利能力越强；反之，每股收益越小，表明上市公司的盈利能力越弱。一般投资者在使用每股收益指标进行分析时有以下几种方式：① 通过将不同企业的每股收益指标进行排序，用于判断所谓“绩优股”和“垃圾股”；② 将每股收益指标与同行业企业比较，用于选择“龙头”企业；③ 将每股收益指标与历史标准比较，用于判断企业的成长性。

（二）计算与分析每股收益指标应注意的问题

（1）每股收益指标并不反映股票所含有的风险。例如，某企业原来经营日用品的产销，最近转向房地产投资，企业的经营风险增大了很多，但每股收益可能不变或提高，每股收益并没有反应风险增加的不利变化。

（2）每股收益多，不一定意味着投资者能得到的红利就多，每股股利的多少还取决于企业的股利分配政策。

二、每股股利

每股股利是指普通股现金股利总额与发行在外普通股的股数之间的比值。

（一）每股股利指标的计算与分析

每股股利的计算公式为

$$每股股利 = \frac{普通股现金股利总额}{发行在外普通股的股数} \tag{6-17}$$

每股股利表明普通股股东每持有上市公司一股普通股获取的股利大小。对投资者而言，该指标越高，表明投资者投入资本获取的收益越高。一般情况下，企业盈利能力越强且现金流量越充足，每股股利越高。

（二）计算与分析每股股利指标应注意的问题

净利润是股利分配的来源，因此每股股利的多少很大程度取决于每股收益的多少。但上市公司每股股利发放多少，除了受上市公司盈利能力大小影响，还取决于企业的股利分配政策和投资机会。分析人员在使用每股股利分析上市公司的投资回报时，应比较连续几个期间的每股股利，以评估股利回报的稳定性并进行合理的收益预期。

知识拓展

股利支付率

股利支付率又称股利发放率，是指普通股每股股利与每股收益之间的比率，是反映每股股利和每股收益之间关系的一个重要指标。其计算公式为

$$股利支付率=\frac{每股股利}{每股收益}\times 100\% \quad (6\text{-}18)$$

其中，公式中分母“每股收益”通常指基本每股收益。

股利支付率反映每100元净利润有多少用于普通股股东的现金股利发放，反映普通股股东的当期收益水平。借助于该指标，投资者可以了解一家上市公司的股利发放政策。

三、市盈率

市盈率是指普通股每股市价与每股收益之间的比值。

（一）市盈率指标的计算与分析

市盈率的计算公式为

$$市盈率=\frac{每股市价}{每股收益} \quad (6\text{-}19)$$

提　示

公式中分子“每股市价”通常采用年度平均价格，即全年日收盘价的算术平均数，但实务中为了计算简便和增强其评价的实时性，多采用报告期前一日的实际股票收盘价来计算。公式中分母“每股收益”通常指基本每股收益。

市盈率表明投资者对上市公司每1元净利润所愿意支付的价格，可用于估计股票的投资报酬和风险。一般而言，市盈率越高，取得同样的盈利额所需投资额越大，表明该企业股票的投资风险越大，投资价值越小。但也不能一概而论，有时市盈率越高，说明投资者对

企业的未来越看好，愿意出较高的价格购买该企业股票，表明该企业具有良好的发展前景，投资者愿意为其承担较大的投资风险，以期获取较多的投资收益。

（二）计算与分析市盈率指标应注意的问题

（1）股票市价波动性较大，而股价的波动会影响市盈率的变化，因此分析人员应分析市盈率的长期变化趋势，以对其合理性做出正确评价。

（2）市盈率具有明显的行业特点，不适用于不同行业企业间的比较。一般而言，新兴行业市盈率会普遍较高，而成熟行业的市盈率会普遍较低。此外，市盈率高低受净利润的影响，净利润又受选择的会计政策的影响，从而使同行业企业间的比较受到限制。

（3）在企业每股收益很少甚至亏损时，股票市价不会降为零，而此时市盈率会很高或为负数，此时市盈率指标不能说明任何问题，变得无意义。

知识拓展

市净率

市净率是指普通股每股市价与每股净资产之间的比值。其计算公式为

$$市净率=\frac{每股市价}{每股净资产} \tag{6-20}$$

其中，每股净资产的计算公式为

$$每股净资产=\frac{期末股东权益-优先股股东权益}{期末发行在外的普通股股数} \tag{6-21}$$

市净率表明企业每股市价相当于每股净资产的倍数。每股净资产是每股股票的账面价值，它是用成本计量的。一般而言，当市价高于账面价值时，表明企业资产质量较好，企业具有发展潜力；当市价低于账面价值时，则表明企业资产质量较差，企业发展前景较差。

市净率与市盈率都是代表投资者对企业未来发展潜力的判断。但是市盈率主要从股票的盈利性角度考虑，而市净率主要从股票的账面价值考虑。

任务拓展　分析乙上市公司盈利能力

步骤 1　乙上市公司 2019—2021 年部分财务数据情况如表 6-17 所示。假设乙上市公司没有优先股，且 2019—2021 年内没有发行和回购股票的情况。依据表 6-17 中的数据，计算乙上市公司 2019—2021 年的盈利能力指标，并将计算结果填写到表 6-18 中。

以 2021 年“每股收益”“每股股利”和“市盈率”为例，计算过程如下。

$$2021年每股收益=\frac{1\,321\,706.70}{630\,855.27}\approx 2.10（元）$$

$$2021年每股股利=\frac{432\,041.30}{630\,855.27}\approx 0.68（元）$$

$$2021年市盈率=\frac{26.29}{2.10}\approx 12.52$$

表 6-17　乙上市公司 2019—2021 年部分财务数据情况

项　目	2021 年度	2020 年度	2019 年度
净利润/万元	1 321 706.70	1 134 145.22	1 233 439.26
普通股现金股利总额/万元	432 041.30	308 930.28	365 707.26
发行在外普通股股数/万股	630 855.27	630 855.27	630 855.27
每股市价（年平均价格）/元	26.29	21.29	17.29

表 6-18　乙上市公司 2019—2021 年的盈利能力指标

指　标	2021 年度	2020 年度	2019 年度
每股收益/元	2.10	1.80	1.96
每股股利/元	0.68	0.49	0.58
市盈率	12.52	11.83	8.82

步骤 2 依据表 6-18 中的数据，分析乙上市公司 2019—2021 年的盈利能力。

（1）分析每股收益指标：乙上市公司 2019—2021 年每股收益分别为 1.96 元、1.80 元和 2.10 元，该指标 2020 年有所下降、2021 年有所上升，因此单纯从每股收益这个指标分析，乙上市公司盈利能力 2020 年有所减弱、2021 年有所增强。

（2）分析每股股利指标：乙上市公司 2019—2021 年每股股利分别为 0.58 元、0.49 元和 0.68 元，该指标 2020 年有所下降、2021 年有所上升，表明 2019—2021 年乙上市公司普通股股东每持有一股普通股获取的股利 2020 年有所减少、2021 年有所增加。

（3）分析市盈率指标：乙上市公司 2019—2021 年市盈率分别为 8.82、11.83 和 12.52，该指标逐年上升，表明乙上市公司股票的投资风险有所上升，投资价值有所下降，但是市盈率逐年提高，说明投资者可能对乙上市公司的未来看好，愿意出较高的价格购买该公司的股票，具体情况如何要结合乙上市公司的实际情况进行分析。

（4）综合评价乙上市公司盈利能力：综上所述，乙上市公司每股收益 2020 年有所下降、2021 年有所上升，因此单纯从每股收益这个指标分析，乙上市公司盈利能力 2020 年有所减弱、2021 年有所增强。每股股利 2020 年有所下降、2021 年有所上升，表明乙上市公司普通股股东每持有一股普通股获取的股利 2020 年有所减少、2021 年有所增加。此外，乙上市公司 2019—2021 年每股股利波动幅度不大，即乙上市公司实行持续稳定的股利分配政策，表明乙上市公司盈利能力比较稳定且具有一定的可持续性。市盈率逐年上升，表明乙上市公司股票的投资风险有所上升，投资价值有所下降。

班级__________ 姓名__________ 学号__________

项目实训

（一）实训要求

依据 G 公司 2022 年相关的财务数据，计算 G 公司 2022 年的盈利能力指标，并将其与行业平均水平比较，据以分析 G 公司 2022 年的盈利能力情况。

（二）实训内容

（1）G 公司 2022 年部分财务数据情况如表 6-19 所示。依据表 6-19 中的数据，计算 G 公司 2022 年的盈利能力指标，并将计算结果填写到表 6-20 中。

表 6-19 G 公司 2022 年部分财务数据情况

项 目	2022 年度
营业收入/万元	2 555 351.16
营业成本/万元	1 892 121.73
营业利润/万元	158 549.26
利润总额/万元	155 214.86
成本费用总额/万元	2 354 492.12
利息费用/万元	30 110.56
净利润/万元	125 121.50
总资产期初余额/万元	1 606 300.14
总资产期末余额/万元	1 865 426.92
净资产期初余额/万元	809 381.32
净资产期末余额/万元	829 562.90
普通股现金股利总额/万元	32 621.25
发行在外普通股股数/万股	100 525.36
每股市价（年平均价格）/元	20.09

班级__________ 姓名__________ 学号__________

表 6-20 2022 年 G 公司及其所在行业的盈利能力指标

指　标	G 公司	行业平均水平
营业净利率/%		5.86
成本费用利润率/%		8.36
总资产报酬率/%		12.98
净资产报酬率/%		18.33
每股收益/元		2.33
每股股利/元		0.83
市盈率		18.32

（2）依据表 6-20 中的数据，分析 G 公司 2022 年的盈利能力，并把分析结论填写到表 6-21 中。

表 6-21 G 公司 2022 年盈利能力分析结论

分析内容	分析结论
营业盈利能力	
资产盈利能力	
资本盈利能力	
上市公司盈利能力指标	

班级____________ 姓名____________ 学号____________

项目考核

（一）单项选择题

（1）下列指标中，不能反映企业盈利能力的是（　　）。

A．每股收益　　B．总资产报酬率

C．成本费用利润率　　D．资产负债率

（2）某公司 2022 年度实现净利润 22 000 万元，年末普通股股数为 6 000 万股，年度内普通股股数没有变化，则该公司的每股收益为（　　）元。

A．3.00　　B．3.80　　C．4.20　　D．3.67

（3）营业净利率越高，表明企业营业盈利能力（　　）。

A．越强　　B．越弱　　C．不确定　　D．不变

（4）分析企业资本盈利能力的指标是（　　）。

A．营业净利率　　B．净资产报酬率

C．权益乘数　　D．成本费用利润率

（二）多项选择题

（1）反映企业资产盈利能力的指标有（　　）。

A．营业利润率　　B．净资产报酬率

C．总资产净利率　　D．总资产报酬率

（2）反映企业营业盈利能力的指标有（　　）。

A．营业利润率　　B．成本费用利润率

C．净资产报酬率　　D．总资产报酬率

（3）一般情况下，市盈率越高，则表明（　　）。

A．企业股票的投资风险越大　　B．企业股票的投资价值越小

C．企业股票的投资风险越小　　D．企业股票的投资价值越大

（4）反映上市公司盈利能力的财务指标有（　　）。

A．每股收益　　B．每股股利

C．市盈率　　D．每股市价

（三）判断题

（1）资产盈利能力是指企业运营资产而产生利润的能力。（　　）

（2）成本费用利润率越高，表明企业盈利能力越弱。（　　）

（3）一般情况下，高科技行业的营业毛利率比普通行业的营业毛利率高。（　　）

班级____________ 姓名____________ 学号____________

（4）每股收益是评价上市公司盈利能力的核心指标。 （ ）

（四）思考题

（1）计算与分析营业毛利率指标应注意哪些问题？

（2）计算与分析每股收益指标应注意哪些问题？

（五）计算分析题

R 公司 2021—2022 年部分财务数据情况如表 6-22 所示。

表 6-22 R 公司 2021—2022 年部分财务数据情况

单位：万元

项 目	2022 年度	2021 年度
利润总额	2 666 533.68	2 682 998.22
利息费用	83 451.56	30 912.64
净利润	1 974 923.93	2 019 532.67
总资产平均余额	25 512 986.61	27 184 389.32
净资产平均余额	13 328 450.71	14 580 376.37

要求：（1）计算 R 公司 2022 年和 2021 年的总资产报酬率和净资产报酬率。

（2）分析 R 公司 2021—2022 年资产盈利能力和资本盈利能力。

项目七 企业营运能力和发展能力分析

项目导读

企业财务报表分析是一个动态与静态相结合的分析过程。首先，企业价值在很大程度上取决于企业未来的盈利能力，而不是企业过去或者目前所取得的收益情况。其次，无论是增强企业的偿债能力，还是增强企业的盈利能力、营运能力，都是为了企业未来的活力需要，都是为了提高企业的发展能力，也就是说发展能力是企业偿债能力、盈利能力和营运能力的综合体现。所以，要全面衡量一个企业的价值，不但应从静态的角度分析其经营能力，而且更应着眼于从动态的角度出发分析和预测企业的发展能力。

知识目标

- 理解企业营运能力的分析内容及方法。
- 理解企业发展能力的分析内容及方法。

技能目标

- 具有分析评价企业营运水平的能力。
- 具有分析评价企业发展水平的能力。

素养目标

- 关注企业发展、促进国家繁荣。

任务一 分析企业营运能力

任务导入

企业营运能力主要是指企业营运资产的效率与效益。企业营运资产的效率主要是指资产的周转速度。企业营运资产的效益通常是指企业的产出量与资产占用量之间的比值。企业营运能力分析就是要通过对反映企业资产营运效率与效益的指标进行计算与分析，评价企业的营运能力，为企业提高经济效益指明方向。

小王结合甲公司近几年的资产负债表及利润表，计算企业各种营运能力指标，运用比率分析法分析评价甲公司的营运能力，了解甲公司营运能力的强弱及其变化情况，揭示甲公司流动资产营运能力、固定资产营运能力及总资产营运能力，并作为经营管理者未来决策的依据。

本任务的知识和技能要求如表 7-1 所示。

表 7-1 知识和技能要求

类 型	具体内容	学习程度		
		了解	理解	应用
知识要求	流动资产营运能力的分析内容及方法		●	
	固定资产营运能力的分析内容及方法		●	
	总资产营运能力的分析内容及方法		●	
技能要求	分析甲公司营运能力			●

班级__________ 姓名__________ 学号__________

任务工单 »

（一）任务描述

计算甲公司营运能力指标，运用比率分析法分析评价甲公司的营运能力。

（二）任务分工

以 3～5 人为一组进行分组，每组设组长 1 名，小组讨论任务分工并将分工情况填写到表 7-2 中。

表 7-2 小组成员及分工情况

小组成员	姓 名	学 号	任务分工
组长			
组员			

（三）任务准备

在进入具体操作前，请各组长组织组员观看“营运能力分析相关知识”的预习视频，并收集和整理以下相关资料，进行讨论分析。

营运能力分析相关知识

（1）什么是营运能力？

（2）营运能力分析的目的是什么？

班级____________ 姓名____________ 学号____________

（3）营运能力的评价指标有哪些，如何计算并运用其对企业营运能力进行分析评价？

（四）任务实施

（1）甲公司 2019—2021 年部分财务数据情况如表 7-3 所示。依据表 7-3 中的数据，计算甲公司 2019—2021 年的营运能力指标（存货周转率以营业收入为基础计算），并将计算结果填写到表 7-4 中。

表 7-3　甲公司 2019—2021 年部分财务数据情况

单位：万元

项　目	2021 年度	2020 年度	2019 年度
营业收入	18 786 887.49	16 819 920.44	19 815 302.75
营业成本	14 225 163.86	12 422 903.37	14 349 937.26
应收账款期初余额	873 823.09	851 333.45	769 965.90
应收账款期末余额	1 384 089.88	873 823.09	851 333.45
应收账款平均余额	1 128 956.49	862 578.27	810 649.68
存货期初余额	2 787 950.52	2 408 485.41	2 001 151.82
存货期末余额	4 276 559.83	2 787 950.52	2 408 485.41
存货平均余额	3 532 255.18	2 598 217.97	2 204 818.62
流动资产期初余额	21 363 298.72	21 336 404.10	19 971 094.88
流动资产期末余额	22 584 965.22	21 363 298.72	21 336 404.10
流动资产平均余额	21 974 131.97	21 349 851.41	20 653 749.49
固定资产期初余额	1 899 052.51	1 911 102.46	1 837 417.72
固定资产期末余额	3 118 872.61	1 899 052.51	1 911 102.46
固定资产平均余额	2 508 962.56	1 905 077.49	1 874 260.09
总资产期初余额	27 397 645.64	28 297 215.74	25 123 415.73
总资产期末余额	31 545 553.07	27 397 645.64	28 297 215.74
总资产平均余额	29 471 599.36	27 847 430.69	26 710 315.74

班级＿＿＿＿＿＿　　姓名＿＿＿＿＿＿　　学号＿＿＿＿＿＿

表 7-4　甲公司 2019—2021 年的营运能力指标

指　标	2021 年度	2020 年度	2019 年度
应收账款周转率/次			
应收账款周转天数/天			
存货周转率/次			
存货周转天数/天			
营业周期/天			
流动资产周转率/次			
流动资产周转天数/天			
固定资产周转率/次			
固定资产周转天数/天			
总资产周转率/次			
总资产周转天数/天			

（2）依据表 7-4 中的数据，分析甲公司 2019—2021 年流动资产的营运能力、固定资产的营运能力和总资产的营运能力，并综合评价甲公司 2019—2021 年的营运能力，然后将分析结论填写到表 7-5 中。

表 7-5　甲公司 2019—2021 年营运能力分析结论

分析内容	分析结论
流动资产的营运能力	
固定资产的营运能力	

班级____________　　姓名____________　　学号____________

（续表）

分析内容	分析结论
总资产的营运能力	
营运能力综合情况	

（五）任务评价

各组派代表展示任务实施成果，并配合指导老师完成表7-6所示的任务评价表。

表7-6　任务评价表

<table>
<tr><th rowspan="2">评价项目</th><th rowspan="2">评价内容</th><th colspan="4">评价分数</th></tr>
<tr><th>分值</th><th>自评</th><th>组评</th><th>师评</th></tr>
<tr><td rowspan="3">职业素养考核目标（40%）</td><td>考勤、仪容仪表</td><td>10分</td><td></td><td></td><td></td></tr>
<tr><td>责任意识、纪律意识</td><td>10分</td><td></td><td></td><td></td></tr>
<tr><td>团队合作与交流</td><td>20分</td><td></td><td></td><td></td></tr>
<tr><td rowspan="3">专业能力考核目标（60%）</td><td>任务准备过程记录及讨论的完成度</td><td>20分</td><td></td><td></td><td></td></tr>
<tr><td>任务实施过程记录的完成度</td><td>20分</td><td></td><td></td><td></td></tr>
<tr><td>任务实施成果的展示效果</td><td>20分</td><td></td><td></td><td></td></tr>
<tr><td rowspan="2">合计</td><td>综合分数______自评（25%）+组评（25%）+师评（50%）</td><td>100分</td><td></td><td></td><td></td></tr>
<tr><td>综合等级______</td><td colspan="4">指导老师签字____________</td></tr>
<tr><td>综合评价</td><td colspan="5"></td></tr>
</table>

一、流动资产的营运能力分析

（一）应收账款周转速度分析

1．应收账款周转速度指标的计算与分析

衡量应收账款周转速度的指标主要有应收账款周转率和应收账款周转天数。

（1）应收账款周转率是指营业收入与应收账款平均余额之间的比值，其计算公式为

$$应收账款周转率=\frac{营业收入}{应收账款平均余额} \tag{7-1}$$

其中，应收账款平均余额的计算公式为

$$应收账款平均余额=\frac{应收账款期初余额+应收账款期末余额}{2} \tag{7-2}$$

应收账款周转率的高低反映企业应收账款收回速度的快慢及管理效率的高低。一般情况下，企业的应收账款周转率越高，表明企业应收账款收回速度越快、周转效率越高，即应收账款的营运能力越强、流动性越强，进而企业短期偿债能力越强。此外，较高的应收账款周转率能有效地减少收账费用和坏账损失，从而在一定程度上提高企业盈利能力。反之，较低的应收账款周转率，则表明企业应收账款营运能力较弱，企业需要加强应收账款的管理和催收工作。

（2）应收账款周转天数又称应收账款平均收账期或应收账款周转期，是指计算期天数与应收账款周转率之间的比值，其计算公式为

$$应收账款周转天数=\frac{计算期天数}{应收账款周转率}=\frac{365}{应收账款周转率} \tag{7-3}$$

提 示

通常以一个会计年度为一个计算期，计算期天数可统一按365天计算。

应收账款周转天数反映在一定时期内应收账款平均周转一次所需要的天数。该指标越高，表明企业在一定时期内应收账款收回速度越慢、周转次数越少，即应收账款的营运能力越弱、流动性越弱，进而企业短期偿债能力越弱。

2．计算与分析应收账款周转速度指标应注意的问题

（1）营业收入的赊销比例问题。应收账款通常是因赊销而产生的债权资产，为保持分子、分母口径一致，分子使用赊销收入净额（是指销售收入扣除现销收入、销售退回、销售折扣和销售折让后的余额）更为合理。但是，外部分析人员很难获取赊销收入净额的数据，因此一般用营业收入来代替。

（2）应收账款的坏账准备问题。资产负债表中列示的应收账款余额是冲抵完坏账准

备后的应收账款净额，但营业收入并没有随着应收账款计提坏账准备而减少，因而计算的应收账款周转率会偏高，而且计提的坏账准备越多，应收账款周转率就会偏高越多，此时这个指标就会失真，因为这种情况下应收账款周转率的提高并不能说明企业应收账款管理效率的提高，反而说明企业应收账款管理欠佳。所以，如果企业计提的坏账准备数额较大，使用未扣除坏账准备的应收账款金额计算应收账款周转率更为合理。

（3）应收账款年末余额的可靠性问题。应收账款是特定时点的存量，容易受季节性、偶然性和人为因素的影响，计算时最好使用多个时点的平均数，以减少这些因素的影响。

（4）应收账款周转率不是越高越好，应收账款周转天数也不是越低越好。过高的应收账款周转率或过低的应收账款周转天数可能是企业信用政策过于严格所致，其结果是限制企业销售规模、影响企业盈利能力。因此实际分析时，分析人员应结合企业历史水平或同行业平均水平进行对比，从而对企业应收账款周转速度指标做出更合理的评价。

提　示

影响应收账款周转速度指标的因素很多，如企业信用政策、企业收账政策、客户信誉度和客户财务状况等。企业应仔细分析应收账款周转速度指标变动的原因，针对不同原因采取不同的改进措施。

（二）存货周转速度分析

1．存货周转速度指标的计算与分析

衡量存货周转速度的指标主要有存货周转率和存货周转天数。

（1）存货周转率有两种计算方式：① 以成本为基础计算的存货周转率，是指营业成本与存货平均余额之间的比值；② 以收入为基础计算的存货周转率，是指营业收入与存货平均余额之间的比值。存货周转率两种计算方式的计算公式分别为

$$\text{以成本为基础计算的存货周转率}=\frac{\text{营业成本}}{\text{存货平均余额}} \tag{7-4}$$

$$\text{以收入为基础计算的存货周转率}=\frac{\text{营业收入}}{\text{存货平均余额}} \tag{7-5}$$

其中，存货平均余额的计算公式为

$$\text{存货平均余额}=\frac{\text{存货期初余额}+\text{存货期末余额}}{2} \tag{7-6}$$

存货周转率反映在一定时期内存货的周转次数。一般情况下，企业的存货周转率越高，表明企业在一定时期内存货周转次数越多、周转速度越快、周转效率越高，即存货营运能力越强、流动性越强，进而企业短期偿债能力越强。

（2）存货周转天数又称存货周转期，是指计算期天数与存货周转率之间的比值，其计算公式为

$$存货周转天数=\frac{计算期天数}{存货周转率}=\frac{365}{存货周转率} \tag{7-7}$$

存货周转天数反映在一定时期内存货平均周转一次所需要的天数。一般情况下，该指标越高，表明企业在一定时期内存货平均周转一次所需时间越长，存货周转次数越少、流动性越弱、占用资金越多，即企业存货营运能力越弱，进而企业短期偿债能力越弱；反之，该指标越低，则表明企业存货营运能力越强，进而企业短期偿债能力越强。

2. 计算与分析存货周转速度指标应注意的问题

（1）存货周转率计算公式的选取，应根据分析目的确定。以成本为基础计算的存货周转率一般用于分析企业存货管理业绩，以收入为基础计算的存货周转率一般用于分析企业存货的变现能力。

（2）存货平均余额的选取。资产负债表中列示的存货余额是扣除存货跌价准备后的存货净额，而存货平均余额的多少反映企业存货占用资金量的大小，应包含计提的存货跌价准备，因而计算存货周转率时，如果使用资产负债表中列示的存货余额，计算的存货周转率会偏高，而且计提的存货跌价准备越多，存货周转率就会偏高越多，此时这个指标就会失真，因为这种情况下存货周转率的提高并不能说明企业存货管理效率的提高，反而说明企业存货管理欠佳。所以，如果企业计提的存货跌价准备数额较大，使用未扣除存货跌价准备的存货金额计算存货周转率更为合理。

（3）存货计价方法的影响。存货计价方法会影响期末存货余额，对于同一企业，选择不同的存货计价方法，计算的存货周转率会有所不同，进而计算的存货周转天数也不同。因此，分析人员应关注存货计价方法对存货周转速度指标的影响。

（4）存货周转率不是越高越好，存货周转天数也不是越低越好。存货过多会占用过多的资金，存货过少则不能满足企业日常流转的需要。因此实际分析时，分析人员应结合企业历史水平或同行业平均水平进行对比，从而对企业存货周转速度指标做出更合理的评价。

知识拓展

营业周期和现金周期

（1）营业周期是指企业从取得存货开始到销售存货并收回现金为止的期间，即企业的生产经营周期。一般情况下，营业周期越短，表明企业资产流动性越强，在同一时期内实现的销售次数越多，营运管理效率越高。营业周期的长短可通过应收账款周转天数和存货周转天数近似地反映出来，其计算公式为

$$营业周期=应收账款周转天数+存货周转天数 \tag{7-8}$$

（2）现金周期是指现金从投入生产经营开始到最终再转化为现金的期间。企业的现金周期越短，表明企业现金资产的周转速度越快，使用效率越高；反之，现金周期越长，表明企业现金资产的使用效率越低。现金周期的计算公式为

$$现金周期=存货周转天数+应收账款周转天数-应付账款周转天数 \tag{7-9}$$

（三）流动资产周转速度分析

1. 流动资产周转速度指标的计算与分析

衡量流动资产周转速度的指标主要有流动资产周转率和流动资产周转天数。

（1）流动资产周转率是指营业收入与流动资产平均余额之间的比值，其计算公式为

$$流动资产周转率=\frac{营业收入}{流动资产平均余额} \tag{7-10}$$

其中，流动资产平均余额的计算公式为

$$流动资产平均余额=\frac{流动资产期初余额+流动资产期末余额}{2} \tag{7-11}$$

流动资产周转率反映企业流动资产在一定时期内周转的次数。一般情况下，流动资产周转率越高，表明企业流动资产的周转速度越快，流动资产的营运能力越强；反之，流动资产周转率越低，则表明企业流动资产营运能力越弱。

（2）流动资产周转天数是指计算期天数与流动资产周转率之间的比值，其计算公式为

$$流动资产周转天数=\frac{计算期天数}{流动资产周转率}=\frac{365}{流动资产周转率} \tag{7-12}$$

流动资产周转天数反映在一定时期内流动资产平均周转一次所需要的天数。一般情况下，流动资产周转天数越少，意味着流动资产变现所需的时间越短，流动资产的营运能力越强。

2. 计算与分析流动资产周转速度指标应注意的问题

流动资产周转率和流动资产周转天数反映企业流动资产周转速度，表明企业对流动资产的管理效率。在对流动资产周转速度进行分析时，分析人员应以企业历史水平或同行业平均水平为标准进行对比分析，并结合应收账款周转速度、存货周转速度、营业周期和现金周期的分析，以便对企业流动资产营运能力做出更合理的评价。

二、固定资产的营运能力分析

（一）固定资产周转速度指标的计算与分析

衡量固定资产周转速度的指标主要有固定资产周转率和固定资产周转天数。

1. 固定资产周转率

固定资产周转率是指营业收入与固定资产平均余额之间的比值，其计算公式为

$$固定资产周转率=\frac{营业收入}{固定资产平均余额} \tag{7-13}$$

其中，固定资产平均余额的计算公式为

$$固定资产平均余额=\frac{固定资产期初余额+固定资产期末余额}{2} \quad (7\text{-}14)$$

固定资产周转率反映企业固定资产在一定时期内周转的次数。一般情况下，固定资产周转率越高，表明企业对固定资产的利用率越高，固定资产营运能力越强；反之，固定资产周转率越低，则表明固定资产营运能力越弱。

2. 固定资产周转天数

固定资产周转天数是指计算期天数与固定资产周转率之间的比值，其计算公式为

$$固定资产周转天数=\frac{计算期天数}{固定资产周转率}=\frac{365}{固定资产周转率} \quad (7\text{-}15)$$

固定资产周转天数反映在一定时期内固定资产平均周转一次所需要的天数。一般情况下，固定资产周转天数越少，意味着固定资产变现所需的时间越短，固定资产营运能力越强。

（二）计算与分析固定资产周转速度指标应注意的问题

（1）固定资产周转速度指标具有明显的行业特点。一般情况下，资本密集型行业通常有大量的固定资产，因此固定资产周转速度较慢；而劳动密集型行业通常具有较快的固定资产周转速度。因此实际分析时，分析人员应以企业历史水平或同行业平均水平为标准进行对比分析，以便对企业固定资产营运能力做出更合理的评价。

（2）固定资产平均余额的选取。资产负债表中列示的固定资产余额是扣除固定资产减值准备后的固定资产净额，而固定资产减值准备的计提本身并不能提高固定资产的利用率，因而计算的固定资产周转率会偏高，而且计提的固定资产减值准备越多，固定资产周转率就会偏高越多，此时这个指标就会失真，因为这种情况下固定资产周转率的提高并不能说明企业固定资产利用率的提高，反而说明企业固定资产管理欠佳。所以，如果企业计提的固定资产减值准备数额较大，使用未扣除固定资产减值准备的固定资产金额计算固定资产周转率更为合理。

（3）固定资产折旧方法的影响。固定资产折旧方法会影响期末固定资产净值，对于同一企业，选择不同的固定资产折旧方法，计算的固定资产周转率会有所不同，进而计算的固定资产周转天数也不同。因此，分析人员应关注固定资产折旧方法对固定资产周转速度指标的影响。

三、总资产的营运能力分析

衡量总资产周转速度的指标主要有总资产周转率和总资产周转天数。

（一）总资产周转率

总资产周转率是指营业收入与总资产平均余额之间的比值，其计算公式为

$$总资产周转率=\frac{营业收入}{总资产平均余额} \tag{7-16}$$

其中，总资产平均余额的计算公式为

$$总资产平均余额=\frac{总资产期初余额+总资产期末余额}{2} \tag{7-17}$$

总资产周转率反映企业全部资产的经营质量和利用效率。该指标越高，表明企业总资产的周转速度越快，总资产的营运能力越强。

（二）总资产周转天数

总资产周转天数是指计算期天数与总资产周转率之间的比值，其计算公式为

$$总资产周转天数=\frac{计算期天数}{总资产周转率}=\frac{365}{总资产周转率} \tag{7-18}$$

总资产周转天数反映在一定时期内总资产平均周转一次所需要的天数。一般情况下，总资产周转天数越少，意味着总资产变现所需的时间越短，总资产的营运能力越强。

任务拓展　分析乙公司营运能力

步骤 1 乙公司 2019—2021 年部分财务数据情况如表 7-7 所示。依据表 7-7 中的数据，计算乙公司 2019—2021 年的营运能力指标（存货周转率以营业收入为基础计算），并将计算结果填写到表 7-8 中。

以 2021 年“应收账款周转率”“应收账款周转天数”“存货周转率”“存货周转天数”“营业周期”“流动资产周转率”“流动资产周转天数”“固定资产周转率”“固定资产周转天数”“总资产周转率”和“总资产周转天数”为例，计算过程如下。

$$2021年应收账款周转率=\frac{22\ 755\ 614.36}{1\ 528\ 052.14}\approx 14.89（次）$$

$$2021年应收账款周转天数=\frac{365}{14.89}\approx 24.51（天）$$

$$2021年存货周转率=\frac{22\ 755\ 614.36}{3\ 465\ 507.22}\approx 6.57（次）$$

$$2021年存货周转天数=\frac{365}{6.57}\approx 55.56（天）$$

$$2021年营业周期=24.51+55.56=80.07（天）$$

$$2021年流动资产周转率=\frac{22\ 755\ 614.36}{11\ 893\ 183.64}\approx 1.91（次）$$

$$2021年流动资产周转天数=\frac{365}{1.91}\approx 191.10（天）$$

$$2021年固定资产周转率=\frac{22\ 755\ 614.36}{2\ 160\ 944.00}\approx 10.53（次）$$

$$2021年固定资产周转天数=\frac{365}{10.53}\approx 34.66（天）$$

$$2021年总资产周转率=\frac{22\ 755\ 614.36}{21\ 047\ 883.19}\approx 1.08（次）$$

$$2021年总资产周转天数=\frac{365}{1.08}\approx 337.96（天）$$

表 7-7　乙公司 2019—2021 年部分财务数据情况

单位：万元

项　目	2021 年度	2020 年度	2019 年度
营业收入	22 755 614.36	20 972 343.01	20 076 198.33
营业成本	15 648 265.74	14 747 192.23	14 086 839.87
应收账款期初余额	1 593 002.43	1 101 587.11	1 043 119.35
应收账款期末余额	1 463 101.84	1 593 002.43	1 101 587.11
应收账款平均余额	1 528 052.14	1 347 294.77	1 072 353.23
存货期初余额	2 944 697.34	2 822 860.10	2 237 719.11
存货期末余额	3 986 317.10	2 944 697.34	2 822 860.10
存货平均余额	3 465 507.22	2 883 778.72	2 530 289.61
流动资产期初余额	11 425 589.57	10 054 714.46	9 426 033.13
流动资产期末余额	12 360 777.70	11 425 589.57	10 054 714.46
流动资产平均余额	11 893 183.64	10 740 152.02	9 740 373.80
固定资产期初余额	2 091 179.02	2 115 913.87	1 731 950.72
固定资产期末余额	2 230 708.98	2 091 179.02	2 115 913.87
固定资产平均余额	2 160 944.00	2 103 546.45	1 923 932.30
总资产期初余额	20 349 816.95	18 745 423.63	16 669 354.42
总资产期末余额	21 745 949.42	20 349 816.95	18 745 423.63
总资产平均余额	21 047 883.19	19 547 620.29	17 707 389.03

表 7-8　乙公司 2019—2021 年的营运能力指标

指　标	2021 年度	2020 年度	2019 年度
应收账款周转率/次	14.89	15.57	18.72
应收账款周转天数/天	24.51	23.44	19.50
存货周转率/次	6.57	7.27	7.93
存货周转天数/天	55.56	50.21	46.03

（续表）

指　标	2021 年度	2020 年度	2019 年度
营业周期/天	80.07	73.65	65.53
流动资产周转率/次	1.91	1.95	2.06
流动资产周转天数/天	191.10	187.18	177.18
固定资产周转率/次	10.53	9.97	10.43
固定资产周转天数/天	34.66	36.61	35.00
总资产周转率/次	1.08	1.07	1.13
总资产周转天数/天	337.96	341.12	323.01

步骤 2　依据表 7-8 中的数据，分析乙公司 2019—2021 年的营运能力。

（1）分析流动资产营运能力：乙公司 2019—2021 年应收账款周转率分别为 18.72 次、15.57 次和 14.89 次，应收账款周转天数分别为 19.50 天、23.44 天和 24.51 天，应收账款周转率逐年下降，应收账款周转天数逐年上升，由此可以看出乙公司应收账款收回速度逐年减慢、周转效率逐年降低、营运能力逐年减弱；乙公司 2019—2021 年存货周转率分别为 7.93 次、7.27 次和 6.57 次，存货周转天数分别为 46.03 天、50.21 天和 55.56 天，存货周转率逐年下降，存货周转天数逐年上升，由此可以看出乙公司存货周转速度逐年减慢、营运能力逐年减弱；乙公司 2019—2021 年营业周期分别为 65.53 天、73.65 天和 80.07 天，该指标逐年上升，由此可以看出乙公司营业周期逐年变长、营运管理效率逐年减弱；乙公司 2019—2021 年流动资产周转率分别为 2.06 次、1.95 次和 1.91 次，流动资产周转天数分别为 177.18 天、187.18 天和 191.10 天，流动资产周转率逐年下降，流动资产周转天数逐年上升，由此可以看出乙公司流动资产周转速度逐年减慢、营运能力逐年减弱。

（2）分析固定资产营运能力：乙公司 2019—2021 年固定资产周转率分别为 10.43 次、9.97 次和 10.53 次，固定资产周转天数分别为 35.00 天、36.61 天和 34.66 天，固定资产周转率 2020 年有所下降、2021 年有所上升，固定资产周转天数 2020 年有所上升、2021 年有所下降，由此可以看出乙公司固定资产周转速度 2020 年有所减慢、2021 年有所加快，固定资产营运能力 2020 年有所减弱、2021 年有所增强。

（3）分析总资产营运能力：乙公司 2019—2021 年总资产周转率分别为 1.13 次、1.07 次和 1.08 次，总资产周转天数分别为 323.01 天、341.12 天和 337.96 天，总资产周转率 2020 年有所下降、2021 年有所上升，总资产周转天数 2020 年有所上升、2021 年有所下降，由此可以看出乙公司总资产周转速度 2020 年有所减慢、2021 年有所加快，总资产营运能力 2020 年有所减弱、2021 年有所增强。

（4）综合评价乙公司营运能力：综上所述，乙公司 2019—2021 年流动资产周转速度逐年减慢、营运能力逐年减弱；固定资产营运能力和总资产营运能力均 2020 年有所减弱、2021 年有所增强。

任务二　分析企业发展能力

任务导入

传统的财务报表分析仅仅是从静态的角度来分析企业的财务状况和经营成果，强调企业的偿债能力、盈利能力和营运能力，但是这三方面的分析仅仅能提供企业过去的经营状况，并不代表企业的持续发展能力。而对于企业的利益相关者而言，他们关注的不仅仅是企业目前的、短期的经营状况，更重要的是企业未来的、长期的和可持续的增长能力。因此，要对企业发展能力进行分析。

小王结合甲公司近几年的资产负债表及利润表，计算企业各种发展能力指标，运用比率分析法分析评价甲公司的发展能力，以了解甲公司发展能力的强弱及其变化情况，揭示甲公司的营业增长能力、资产增长能力及资本增长能力，并作为经营管理者未来决策的依据。

本任务的知识和技能要求如表 7-9 所示。

表 7-9　知识和技能要求

类　型	具体内容	学习程度		
		了解	理解	应用
知识要求	营业增长能力的分析内容及方法		●	
	资产增长能力的分析内容及方法		●	
	资本增长能力的分析内容及方法		●	
技能要求	分析甲公司发展能力			●

班级＿＿＿＿＿＿＿ 姓名＿＿＿＿＿＿＿ 学号＿＿＿＿＿＿＿

任务工单 »

（一）任务描述

计算甲公司发展能力指标，运用比率分析法分析评价甲公司的发展能力。

（二）任务分工

以 3～5 人为一组进行分组，每组设组长 1 名，小组讨论任务分工并将分工情况填写到表 7-10 中。

表 7-10 小组成员及分工情况

小组成员	姓 名	学 号	任务分工
组长			
组员			

（三）任务准备

在进入具体操作前，请各组长组织组员观看“发展能力分析相关知识”的预习视频，并收集和整理以下相关资料，进行讨论分析。

发展能力分析相关知识

（1）什么是发展能力？

（2）发展能力分析的目的是什么？

班级____________ 姓名____________ 学号____________

（3）发展能力的评价指标有哪些，如何计算并运用其对企业发展能力进行分析评价？

（四）任务实施

（1）甲公司 2018—2021 年部分财务数据情况如表 7-11 所示。依据表 7-11 中的数据，计算甲公司 2019—2021 年的发展能力指标，并将计算结果填写到表 7-12 中。

表 7-11　甲公司 2018—2021 年部分财务数据情况

单位：万元

项　目	2021 年度	2020 年度	2019 年度	2018 年度
营业收入	18 786 887.49	16 819 920.44	19 815 302.75	19 812 317.71
营业利润	2 541 626.14	2 405 027.11	2 736 098.43	2 914 206.36
资产总额	31 545 553.07	27 397 645.64	28 297 215.74	25 123 415.73
固定资产净值	3 118 872.61	1 899 052.51	1 911 102.46	1 837 417.72
固定资产原值	5 608 855.73	3 741 215.81	3 435 458.22	3 061 149.26
所有者权益	10 517 647.40	11 279 260.21	11 204 765.65	9 271 471.17

表 7-12　甲公司 2019—2021 年的发展能力指标

单位：%

指　标	2021 年度	2020 年度	2019 年度
销售增长率			
营业利润增长率			
总资产增长率			
固定资产成新率			
资本积累率			
资本保值增值率			

班级________ 姓名________ 学号________

（2）依据表 7-12 中的数据，分析甲公司 2019—2021 年营业增长能力、资产增长能力和资本增长能力，并综合评价甲公司 2019—2021 年的发展能力，然后将分析结论填写到表 7-13 中。

表 7-13 甲公司 2019—2021 年发展能力分析结论

分析内容	分析结论
营业增长能力	
资产增长能力	
资本增长能力	
发展能力综合情况	

班级______ 姓名______ 学号______

（五）任务评价

各组派代表展示任务实施成果，并配合指导老师完成表 7-14 所示的任务评价表。

表 7-14 任务评价表

评价项目	评价内容	评价分数			
		分值	自评	组评	师评
职业素养考核目标（40%）	考勤、仪容仪表	10 分			
	责任意识、纪律意识	10 分			
	团队合作与交流	20 分			
专业能力考核目标（60%）	任务准备过程记录及讨论的完成度	20 分			
	任务实施过程记录的完成度	20 分			
	任务实施成果的展示效果	20 分			
合计	综合分数______自评（25%）+组评（25%）+师评（50%）	100 分			
	综合等级______	指导老师签字______			
综合评价					

一、营业增长能力分析

（一）销售增长率

1. 销售增长率指标的计算与分析

销售增长率是指本期营业收入的增长额与上期营业收入之间的比率，其计算公式为

$$销售增长率=\frac{本期营业收入-上期营业收入}{上期营业收入}\times 100\% \quad (7\text{-}19)$$

销售增长率反映企业销售增长的情况，该指标越高，表明企业产品（服务）销售增长得越快，业务扩张能力越强，销售情况越好；反之，该指标越低，则表明销售情况越差。

2. 计算与分析销售增长率指标应注意的问题

销售增长率指标是衡量企业经营状况和市场占有能力、预测企业经营业务发展趋势的重要指标，在实际分析时，分析人员应结合比较分析法和趋势分析法进行分析，以便对其做出更合理的评价。

（二）营业利润增长率

1. 营业利润增长率指标的计算与分析

营业利润增长率又称销售利润增长率，是指本期营业利润增长额与上期营业利润之间的比率，其计算公式为

$$营业利润增长率=\frac{本期营业利润-上期营业利润}{上期营业利润}\times 100\% \quad (7\text{-}20)$$

营业利润增长率反映企业营业利润的增减变动情况，该指标越高，表明企业营业利润增长得越快，企业营业增长能力越强；反之，该指标越低，则表明企业营业增长能力越弱。

2. 计算与分析营业利润增长率指标应注意的问题

实际分析营业利润增长率指标时，分析人员应结合比较分析法和趋势分析法进行分析，以便对营业增长能力做出更合理的评价。

二、资产增长能力分析

（一）总资产增长率

1. 总资产增长率指标的计算与分析

总资产增长率是指本期总资产增长额与总资产期初余额之间的比率，其计算公式为

$$总资产增长率=\frac{总资产期末余额-总资产期初余额}{总资产期初余额}\times 100\% \tag{7-21}$$

总资产增长率是从企业资产总量扩张方面衡量企业的发展能力，表明企业规模增长对企业发展后劲的影响。总资产增长率越高，表明企业在一定时期内资产规模扩张的速度越快，获得规模效益的能力越强。

2. 计算与分析总资产增长率指标应注意的问题

实际分析总资产增长率指标时，分析人员应结合比较分析法和趋势分析法对总资产增长率进行分析，以便对总资产增长能力做出更合理的评价。此外，企业应注意资产规模扩张的质与量之间的关系及企业的后续发展能力，避免盲目扩张。

知识拓展

三年资产平均增长率

为避免资产增长率受资产短期波动因素的影响，可以通过计算三年资产平均增长率来反映企业较长时期内的资产增长情况，从资产长期增长趋势和稳定程度判断企业的发展能力。三年资产平均增长率的计算公式为

$$三年资产平均增长率=\left(\sqrt[3]{\frac{本年年末资产总额}{三年前年末资产总额}}-1\right)\times 100\% \tag{7-22}$$

三年资产平均增长率是反映企业发展能力的一个重要指标。该指标大于零，反映企业资产呈现增长趋势，表明企业有能力不断扩大生产规模，企业有较强的发展潜力。该指标越高，表明资产增长速度越快，企业发展的趋势越强。

（二）固定资产成新率

1. 固定资产成新率指标的计算与分析

固定资产成新率又称固定资产净值率，是指固定资产平均净值与固定资产平均原值之间的比率，其计算公式为

$$固定资产成新率=\frac{固定资产平均净值}{固定资产平均原值}\times 100\% \tag{7-23}$$

其中，固定资产净值的计算公式为

$$固定资产净值=固定资产原值-固定资产折旧额 \tag{7-24}$$

固定资产成新率反映企业所拥有的固定资产的新旧程度，表明企业固定资产的更新速度和企业的持续发展能力。该指标越高，表明企业固定资产越新，技术性能越好，可以为企业服务的时间越长，对扩大再生产的准备越充分，企业持续发展的可能性越大；反之，该指标越低，表明企业设备越陈旧，技术性能越差，严重情况下将会制约企业未来发展。

2．计算与分析固定资产成新率指标应注意的问题

应用固定资产成新率指标分析固定资产新旧程度时，分析人员应注意固定资产折旧方法、生产经营周期等因素对固定资产成新率的影响，以及不同企业之间的可比性。

三、资本增长能力分析

（一）资本积累率

1．资本积累率指标的计算与分析

资本积累率又称资本增长率、股东权益增长率或净资产增长率，是指本期所有者权益增长额与所有者权益期初余额之间的比率，其计算公式为

$$资本积累率=\frac{所有者权益期末余额-所有者权益期初余额}{所有者权益期初余额}\times100\% \quad (7\text{-}25)$$

资本积累率反映企业当期资本总的增长率，表明企业当期所有者权益的变动水平。该指标越高，表明企业资本积累越多，企业抵御风险和持续发展的能力越强。若该指标为负值，则表明企业资本受到侵蚀，所有者利益受到侵害。

2．计算与分析资本积累率指标应注意的问题

实际分析资本积累率指标时，分析人员应结合比较分析法和趋势分析法对资本积累率进行分析，以便对资本增长能力做出更合理的评价。

（二）资本保值增值率

1．资本保值增值率指标的计算与分析

资本保值增值率是指所有者权益期末余额与所有者权益期初余额之间的比率，其计算公式为

$$资本保值增值率=\frac{所有者权益期末余额}{所有者权益期初余额}\times100\% \quad (7\text{-}26)$$

资本保值增值率反映企业当期资本的保全和增长情况。该指标越高，表明企业资本保全状况越好，所有者权益增长越快，企业抵御风险和持续发展的能力越强。该指标通常应大于 100%。

2．计算与分析资本保值增值率指标应注意的问题

实际分析资本保值增值率指标时，分析人员应结合比较分析法和趋势分析法对资本保值增值率进行分析，以便对资本增长能力做出更合理的评价。

课堂讨论

什么是可持续增长率？你认为如何保持企业的可持续增长能力？

任务拓展 分析乙公司发展能力

步骤 1 乙公司 2018—2021 年部分财务数据情况如表 7-15 所示。依据表 7-15 中的数据，计算乙公司 2019—2021 年的发展能力指标，并将计算结果填写到表 7-16 中。

以 2021 年“销售增长率”“营业利润增长率”“总资产增长率”“固定资产成新率”“资本积累率”和“资本保值增值率”为例，计算过程如下。

$$2021\text{年销售增长率}=\frac{22\ 755\ 614.36-20\ 972\ 343.01}{20\ 972\ 343.01}\times 100\%\approx 8.50\%$$

$$2021\text{年营业利润增长率}=\frac{1\ 587\ 647.79-1\ 360\ 625.14}{1\ 360\ 625.14}\times 100\%\approx 16.69\%$$

$$2021\text{年总资产增长率}=\frac{21\ 745\ 949.42-20\ 349\ 816.95}{20\ 349\ 816.95}\times 100\%\approx 6.86\%$$

$$2021\text{年固定资产成新率}=\frac{(2\ 091\ 179.02+2\ 230\ 708.98)/2}{(3\ 801\ 790.42+4\ 158\ 134.77)/2}\times 100\%\approx 54.30\%$$

$$2021\text{年资本积累率}=\frac{8\ 108\ 296.15-6\ 813\ 211.03}{6\ 813\ 211.03}\times 100\%\approx 19.01\%$$

$$2021\text{年资本保值增值率}=\frac{8\ 108\ 296.15}{6\ 813\ 211.03}\times 100\%\approx 119.01\%$$

表 7-15 乙公司 2018—2021 年部分财务数据情况

单位：万元

项　目	2021 年度	2020 年度	2019 年度	2018 年度
营业收入	22 755 614.36	20 972 343.01	20 076 198.33	18 331 656.02
营业利润	1 587 647.79	1 360 625.14	1 444 944.40	1 310 610.70
资产总额	21 745 949.42	20 349 816.95	18 745 423.63	16 669 354.42
固定资产净值	2 230 708.98	2 091 179.02	2 115 913.87	1 731 950.72
固定资产原值	4 158 134.77	3 801 790.42	3 753 888.49	3 016 040.13
所有者权益	8 108 296.15	6 813 211.03	6 498 986.03	5 513 027.89

表 7-16 乙公司 2019—2021 年的发展能力指标

单位：%

指　标	2021 年度	2020 年度	2019 年度
销售增长率	8.50	4.46	9.52
营业利润增长率	16.69	−5.84	10.25

（续表）

指 标	2021 年度	2020 年度	2019 年度
总资产增长率	6.86	8.56	12.45
固定资产成新率	54.30	55.68	56.84
资本积累率	19.01	4.83	17.88
资本保值增值率	119.01	104.83	117.88

步骤 2 依据表 7-16 中的数据，分析乙公司 2019—2021 年的发展能力。

（1）分析营业增长能力：乙公司 2019—2021 年销售增长率分别为 9.52%、4.46%和 8.50%，营业利润增长率分别为 10.25%、−5.84%和 16.69%，销售增长率和营业利润增长率均 2020 年有所下降、2021 年有所上升，由此可以看出乙公司营业增长能力 2020 年有所减弱、2021 年有所增强。

（2）分析资产增长能力：乙公司 2019—2021 年总资产增长率分别为 12.45%、8.56%和 6.86%，固定资产成新率分别为 56.84%、55.68%和 54.30%，总资产增长率和固定资产成新率均逐年下降，由此可以看出乙公司总资产增长能力和固定资产增长能力均逐年减弱。

（3）分析资本增长能力：乙公司 2019—2021 年资本积累率分别为 17.88%、4.83%和 19.01%，资本保值增值率分别为 117.88%、104.83%和 119.01%，资本积累率和资本保值增值率均 2020 年有所下降、2021 年有所上升，由此可以看出乙公司资本增长能力 2020 年有所减弱、2021 年有所增强。

（4）综合评价乙公司营运能力：综上所述，乙公司营业增长能力和资本增长能力均 2020 年有所减弱、2021 年有所增强；总资产增长能力和固定资产增长能力均逐年减弱。

素养之窗

截至 2022 年 10 月 31 日，A 股 4 974 家上市公司中，已有 4 964 家披露了 2022 年前三季度财务报告。Choice 数据显示，在已披露三季报业绩的上市公司中，2 363 家上市公司实现归属于母公司股东的净利润同比正增长，4 077 家上市公司归属于母公司股东的净利润为正，63 家上市公司归属于母公司股东的净利润超过百亿元。

总体来看，2022 年前三季度所有 A 股公司合计实现营业总收入 52.33 万亿元、合计归属于母公司股东的净利润 4.39 万亿元；相比去年同期分别增长 8.39%和 3.05%，业绩增速有所下滑。

分板块来看，主板、创业板、科创板 2022 年前三季度分别实现营业收入 49.07 万亿元、2.42 万亿元和 0.78 万亿元，较去年同期分别增长 7.60%、20.77%和 26.08%；

实现净利润4.09万亿元、2 044亿元和891亿元，较去年同期分别增长2.37%、8.72%和21.43%。

整体来看，各板块营业收入都保持较好增长。相比中报业绩，主板业绩增速有所下滑，创业板业绩增速转正，科创板继续保持高增长。

班级____________ 姓名____________ 学号____________

项目实训

（一）实训要求

依据N公司及其所在行业的发展能力指标情况，分析N公司的发展能力。

（二）实训内容

（1）2022年N公司及其所在行业的发展能力指标如表7-17所示。

表7-17 2022年N公司及其所在行业的发展能力指标

单位：%

指　标	N公司	行业平均水平
销售增长率	16.65	12.39
营业利润增长率	21.03	15.11
总资产增长率	15.78	8.24
固定资产成新率	69.50	50.69
资本积累率	−17.12	13.25
资本保值增值率	82.88	113.25

（2）依据表7-17中的数据，分析N公司的发展能力，并把分析结论填写到表7-18中。

表7-18 N公司2022年发展能力分析结论

分析内容	分析结论
营业增长能力	
资产增长能力	
资本增长能力	
发展能力综合情况	

班级＿＿＿＿＿＿　　姓名＿＿＿＿＿＿　　学号＿＿＿＿＿＿

项目考核

（一）单项选择题

（1）下列指标中，不能反映资产增长能力的是（　　）。

A．总资产增长率　　B．固定资产成新率

C．三年资产平均增长率　　D．资本保值增值率

（2）下列选项中，不属于影响应收账款周转速度指标的因素的是（　　）。

A．企业信用政策　　B．企业收账政策

C．客户信誉度　　D．存货管理水平

（3）一般情况下，固定资产周转天数越少，表明企业固定资产营运能力（　　）。

A．越强　　B．越弱　　C．不确定　　D．不变

（4）关于资本保值增值率，说法错误的是（　　）。

A．资本保值增值率反映企业当期资本的保全和增长情况

B．资本保值增值率越高，表明企业资本保全状况越好

C．资本保值增值率越高，表明企业抵御风险和持续发展的能力越弱

D．资本保值增值率通常应大于100%

（二）多项选择题

（1）反映企业营运能力的指标有（　　）。

A．总资产周转率　　B．应收账款周转率

C．流动资产周转率　　D．存货周转率

（2）一般情况下，应收账款周转率越高，表明企业（　　）。

A．应收账款收回速度越快　　B．应收账款周转效率越高

C．应收账款的营运能力越弱　　D．应收账款流动性越强

（3）一般情况下，存货周转率越低，表明企业（　　）。

A．存货周转次数越多　　B．存货周转速度越慢

C．存货周转效率越低　　D．存货营运能力越弱

（4）反映企业资本增长能力的指标有（　　）。

A．总资产增长率　　B．固定资产成新率

C．资本积累率　　D．资本保值增值率

（三）判断题

（1）一般情况下，劳动密集型行业通常具有较快的固定资产周转速度。（　　）

班级____________ 姓名____________ 学号____________

（2）若资本积累率为负，表明企业资本受到侵蚀，所有者利益受到侵害。（ ）

（3）固定资产成新率越低，表明企业固定资产越新，技术性能越好。（ ）

（4）销售增长率是指本期营业成本的增长额与上期营业成本之间的比率。（ ）

（四）思考题

（1）计算与分析应收账款周转速度指标应注意哪些问题？

（2）计算与分析总资产增长率指标应注意哪些问题？

（五）计算分析题

F 公司 2022 年营业收入为 225 000.00 万元、营业成本为 128 000.00 万元，2022 年 12 月 31 日简化的资产负债表如表 7-19 所示，历年财务指标的数据情况如表 7-20 所示。

表 7-19　资产负债表（简表）

编制单位：F 公司　　2022 年 12 月 31 日　　单位：万元

资　产	期末余额	期初余额	负债和所有者权益	期末余额	期初余额
流动资产			流动负债		
货币资金	611.10	5 278.00	应付票据	5 400.00	4 005.00
应收票据	4 000.90	5 600.00	应付账款	7 800.00	8 900.00
应收账款	9 700.00	11 000.00	其他流动负债	450.00	5 000.00
存货	12 000.00	15 000.00	非流动负债		
流动资产合计	26 312.00	36 878.00	长期借款	18 000.00	15 000.00
非流动资产			负债合计	31 650.00	32 905.00
固定资产	38 500.00	40 000.00	所有者权益		
非流动资产合计	38 500.00	40 000.00	所有者权益合计	33 162.00	43 973.00
资产总计	64 812.00	76 878.00	负债和所有者权益总计	64 812.00	76 878.00

班级____________ 姓名____________ 学号____________

表 7-20 F 公司历年财务指标的数据情况

项 目	2022 年度	2021 年度	2020 年度
应收账款周转率/次		15.50	15.20
应收账款周转天数/天		23.55	24.01
存货周转率/次		8.00	7.10
存货周转天数/天		45.63	51.41
营业周期/天		69.18	75.42
流动资产周转率/次		6.70	5.40
流动资产周转天数/天		54.48	67.59

要求：（1）计算 F 公司 2022 年应收账款周转率、应收账款周转天数、存货周转率（以营业收入为基础计算）、存货周转天数、营业周期、流动资产周转率和流动资产周转天数。

（2）依据表 7-20 中的数据，分析 F 公司 2020—2022 年流动资产营运能力。

项目八 财务报表综合分析

项目导读

企业的经济活动是一个有机的整体，单独分析任何一项财务指标，都不能全面评价企业总体的财务状况、经营成果和现金流量的情况。而财务报表综合分析是单项分析的深化，它将企业偿债能力、盈利能力、营运能力和发展能力等指标的分析纳入一个有机的分析系统中。对财务报表进行综合分析，便于会计信息使用者对企业进行全面、综合的了解和评价。

知识目标

- 了解杜邦分析法的概念、理解杜邦分析法的内容及局限性。
- 了解沃尔评分法的概念、理解沃尔评分法的步骤。

技能目标

- 具有应用杜邦分析法进行企业综合评价的能力。
- 具有应用沃尔评分法进行企业综合评价的能力。

素养目标

- 爱岗敬业、诚实守信、廉洁自律、客观公正、坚持准则、提高技能、参与管理、强化服务，争做优秀会计工作者。

任务一 了解杜邦分析法

任务导入

杜邦分析法是一种常见的财务报表综合分析方法，它能够比较全面、系统、综合地反映企业的财务状况和经营业绩。

小王应用杜邦分析法以甲公司净资产报酬率为起点，从营业净利率、总资产周转率和权益乘数三个因素分析甲公司近几年净资产报酬率变化的原因，并深入挖掘甲公司在收入、成本费用、资产结构及资本结构中存在的问题，以作为经营管理者未来决策的依据。

本任务的知识和技能要求如表 8-1 所示。

表 8-1 知识和技能要求

类　型	具体内容	学习程度		
		了解	理解	应用
知识要求	杜邦分析法的概念	●		
	杜邦分析法的内容		●	
	杜邦分析法的局限性		●	
技能要求	应用杜邦分析法对甲公司进行综合分析			●

班级____________ 姓名____________ 学号____________

任务工单 »

（一）任务描述

应用杜邦分析法对甲公司综合绩效进行分析。

（二）任务分工

以 3～5 人为一组进行分组，每组设组长 1 名，小组讨论任务分工并将分工情况填写到表 8-2 中。

表 8-2 小组成员及分工情况

小组成员	姓 名	学 号	任务分工
组长			
组员			

（三）任务准备

在进入具体操作前，请各组长组织组员观看“财务报表综合分析相关知识”的预习视频，并收集和整理以下相关资料，进行讨论分析。

财务报表综合分析相关知识

（1）什么是财务报表综合分析？

（2）与单项分析相比，财务报表综合分析的特点是什么？

班级__________　　姓名__________　　学号__________

（3）什么是杜邦分析法？

（四）任务实施

（1）甲公司 2019—2021 年部分财务数据情况如表 8-3 所示。依据表 8-3 中的数据，计算甲公司 2019—2021 年杜邦分析体系中各个指标，并将计算结果填写到表 8-4 中。

表 8-3　甲公司 2019—2021 年部分财务数据情况

单位：万元

项　目	2021 年度	2020 年度	2019 年度
净利润	2 157 078.97	2 028 599.55	2 258 312.08
营业收入	18 786 887.49	16 819 920.44	19 815 302.75
净资产期初余额	11 279 260.21	11 204 765.65	9 271 471.17
净资产期末余额	10 517 647.40	11 279 260.21	11 204 765.65
净资产平均余额	10 898 453.81	11 242 012.93	10 238 118.41
总资产期初余额	27 397 645.64	28 297 215.74	25 123 415.73
总资产期末余额	31 545 553.07	27 397 645.64	28 297 215.74
总资产平均余额	29 471 599.36	27 847 430.69	26 710 315.74

表 8-4　甲公司 2019—2021 年杜邦分析体系中各个指标

指　标	2021 年度	2020 年度	2019 年度
营业净利率/%			
总资产周转率/次			
权益乘数			
净资产报酬率/%			

班级____________ 姓名____________ 学号____________

（2）依据表 8-4 中的数据，分析甲公司 2019—2021 年营业净利率、总资产周转率、权益乘数和净资产报酬率等各个指标，并应用杜邦分析法对甲公司 2019—2021 年的综合绩效进行分析，然后将分析结论填写到表 8-5 中。

表 8-5 甲公司 2019—2021 年综合绩效分析结论

分析内容	分析结论
营业净利率指标	
总资产周转率指标	
权益乘数指标	
净资产报酬率指标	
综合绩效情况	

班级__________ 姓名__________ 学号__________

（五）任务评价

各组派代表展示任务实施成果，并配合指导老师完成表 8-6 所示的任务评价表。

表 8-6　任务评价表

<table>
<tr><th rowspan="2">评价项目</th><th rowspan="2">评价内容</th><th colspan="4">评价分数</th></tr>
<tr><th>分值</th><th>自评</th><th>组评</th><th>师评</th></tr>
<tr><td rowspan="3">职业素养考核目标（40%）</td><td>考勤、仪容仪表</td><td>10 分</td><td></td><td></td><td></td></tr>
<tr><td>责任意识、纪律意识</td><td>10 分</td><td></td><td></td><td></td></tr>
<tr><td>团队合作与交流</td><td>20 分</td><td></td><td></td><td></td></tr>
<tr><td rowspan="3">专业能力考核目标（60%）</td><td>任务准备过程记录及讨论的完成度</td><td>20 分</td><td></td><td></td><td></td></tr>
<tr><td>任务实施过程记录的完成度</td><td>20 分</td><td></td><td></td><td></td></tr>
<tr><td>任务实施成果的展示效果</td><td>20 分</td><td></td><td></td><td></td></tr>
<tr><td rowspan="2">合计</td><td>综合分数______自评(25%)+组评(25%)+师评(50%)</td><td>100 分</td><td></td><td></td><td></td></tr>
<tr><td>综合等级______</td><td colspan="4">指导老师签字__________</td></tr>
<tr><td>综合评价</td><td colspan="5"></td></tr>
</table>

一、什么是杜邦分析法

杜邦分析法又称杜邦分析体系，它是从投资者的目标（股东财富最大化）出发，以反映股东权益水平的净资产报酬率为起点，利用各个主要财务指标之间的内在联系，进行层层分解、系统分析，形成分析指标体系，进而对企业财务状况及经营业绩进行综合系统分析和评价的方法。

二、杜邦分析法的内容

（一）杜邦分析法中重要指标的关系

杜邦分析体系中的指标关系如图 8-1 所示。

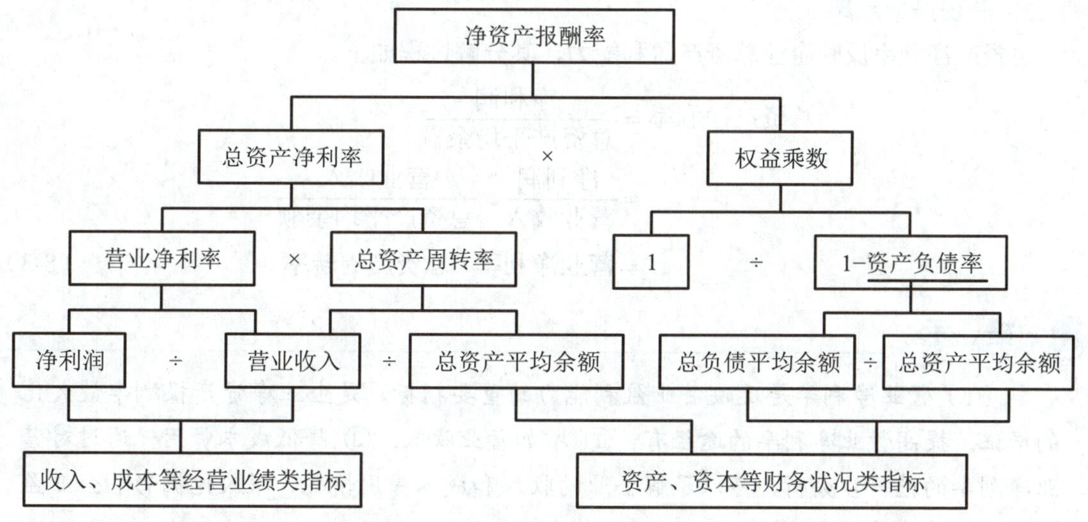

图 8-1 杜邦分析体系中的指标关系

（二）杜邦分析法中重要指标的分解

杜邦分析法中的指标体系以净资产报酬率为出发点，将其逐项推移分解为营业净利率、总资产周转率和权益乘数三者的乘积，以综合反映企业盈利能力、营运能力、偿债能力和资本结构的共同作用对净资产报酬率的影响。净资产报酬率的计算公式为

$$\text{净资产报酬率} = \text{营业净利率} \times \text{总资产周转率} \times \text{权益乘数} \qquad (8\text{-}1)$$

提 示

净资产报酬率是一个综合性很强、很具有代表性的财务指标，是杜邦分析体系的核心。这一指标反映了投资者投入资本的盈利能力，体现了企业经营的目标。净资产

报酬率的高低取决于反映盈利能力的营业净利率、反映营运能力的总资产周转率及反映偿债能力和资本结构的权益乘数的大小。通过这样的关系，分析人员可以找到净资产报酬率水平高低的形成原因及发生变化的具体环节，可以将其与企业筹资、投资和生产运营等各种经济活动的效率相联系，从而提供比单一指标更加丰富的分析信息。

1. 杜邦分析体系的核心指标——净资产报酬率

净资产报酬率反映企业资本盈利能力，其分解过程如下。

$$\begin{aligned}\text{净资产报酬率} &= \frac{\text{净利润}}{\text{净资产平均余额}} \\ &= \frac{\text{净利润}}{\text{总资产平均余额}} \times \frac{\text{总资产平均余额}}{\text{净资产平均余额}} \\ &= \text{总资产净利率} \times \text{权益乘数} \qquad (8\text{-}2)\end{aligned}$$

2. 总资产净利率

总资产净利率反映企业总资产盈利能力，其分解过程如下。

$$\begin{aligned}\text{总资产净利率} &= \frac{\text{净利润}}{\text{总资产平均余额}} \\ &= \frac{\text{净利润}}{\text{营业收入}} \times \frac{\text{营业收入}}{\text{总资产平均余额}} \\ &= \text{营业净利率} \times \text{总资产周转率} \qquad (8\text{-}3)\end{aligned}$$

提　示

（1）营业净利率是反映企业盈利能力的重要指标，是企业净资产报酬率最大化的保证。提高营业净利率的途径有：① 增加营业收入；② 降低成本费用。通过对营业净利率的进一步分析，可以了解企业的收入和成本费用情况，深入挖掘影响企业盈利能力的具体原因，“对症下药”。

（2）总资产周转率是反映企业营运能力的重要指标，是企业资产管理水平的重要体现。提高总资产周转率的途径有：① 增加营业收入；② 控制总资产的过度增长并合理安排资产结构。

3. 权益乘数

权益乘数反映企业偿债能力和资本结构，其分解过程如下。

$$\text{权益乘数} = \frac{\text{总资产平均余额}}{\text{净资产平均余额}} = \frac{1}{\dfrac{\text{净资产平均余额}}{\text{总资产平均余额}}}$$

$$=\frac{1}{\frac{\text{总资产平均余额}-\text{总负债平均余额}}{\text{总资产平均余额}}}$$

$$=\frac{1}{1-\text{资产负债率}} \quad (8\text{-}4)$$

提 示

权益乘数是反映企业偿债能力的重要指标，它对提高净资产报酬率起到财务杠杆作用。权益乘数越高，说明企业运用外部资金为投资者赚取额外利润的能力越强。在企业财务风险可控的前提下，企业可以适度提高负债程度、合理安排资本结构，以便提高企业净资产报酬率。

三、杜邦分析法的局限性

尽管杜邦分析法具有综合性、全面性等特点，但是其本身也存在一些问题。随着会计信息使用者对会计信息质量要求的不断提高，该方法逐渐显现出一些不足之处。

（一）忽视企业的发展能力分析

一般而言，对企业财务能力的分析包括企业的偿债能力、盈利能力、营运能力和发展能力。而杜邦分析法只包括了前三者，忽视了企业发展能力的分析，有可能助长企业管理层的短期行为，不利于企业的可持续发展。

（二）忽视企业的现金流量分析

资产负债表、利润表和现金流量表是企业进行财务报表分析的三张重要报表，它们从不同的角度反映企业的财务状况、经营成果和现金流量。因此在一个完善的财务报表分析体系中，三者缺一不可。而杜邦分析体系所用的财务指标计算依据均来自资产负债表和利润表，没有考虑现金流量表，使该方法具有一定的局限性。

（三）忽视财务以外信息的分析

从企业的内部管理和绩效考核的角度来看，杜邦分析法只包括财务方面的信息，不能全面反映企业的综合实力。因此，在杜邦分析法的实际应用中，分析人员应结合企业的其他信息加以分析。

任务拓展　应用杜邦分析法对乙公司进行综合分析

步骤 1　乙公司 2019—2021 年部分财务数据情况如表 8-7 所示。依据表 8-7 中的数据，计算乙公司 2019—2021 年杜邦分析体系中各个指标，并将计算结果填写到表 8-8 中。

以 2021 年“营业净利率”“总资产周转率”“权益乘数”和“净资产报酬率”为例，计算过程如下。

$$2021\text{年营业净利率}=\frac{1\ 321\ 706.70}{22\ 755\ 614.36}\times 100\%\approx 5.81\%$$

$$2021\text{年总资产周转率}=\frac{22\ 755\ 614.36}{21\ 047\ 883.19}\approx 1.08\text{（次）}$$

$$2021\text{年权益乘数}=\frac{21\ 047\ 883.19}{7\ 460\ 753.59}\approx 2.82$$

$$2021\text{年净资产报酬率}=5.81\%\times 1.08\times 2.82\approx 17.69\%$$

表 8-7　乙公司 2019—2021 年部分财务数据情况

单位：万元

项　目	2021 年度	2020 年度	2019 年度
净利润	1 321 706.70	1 134 145.22	1 233 439.26
营业收入	22 755 614.36	20 972 343.01	20 076 198.33
净资产期初余额	6 813 211.03	6 498 986.03	5 513 027.89
净资产期末余额	8 108 296.15	6 813 211.03	6 498 986.03
净资产平均余额	7 460 753.59	6 656 098.53	6 006 006.96
总资产期初余额	20 349 816.95	18 745 423.63	16 669 354.42
总资产期末余额	21 745 949.42	20 349 816.95	18 745 423.63
总资产平均余额	21 047 883.19	19 547 620.29	17 707 389.03

表 8-8　乙公司 2019—2021 年杜邦分析体系中各个指标

指　标	2021 年度	2020 年度	2019 年度
营业净利率/%	5.81	5.41	6.14
总资产周转率/次	1.08	1.07	1.13
权益乘数	2.82	2.94	2.95
净资产报酬率/%	17.69	17.02	20.47

步骤 2　依据表 8-7 和表 8-8 中的数据，应用杜邦分析法分析乙公司 2019—2021 年的综合绩效情况。

（1）分析营业净利率指标：乙公司 2019—2021 年营业净利率分别为 6.14%、5.41%

和 5.81%，该指标 2020 年有所下降、2021 年有所上升。由此可以看出，乙公司营业盈利能力 2020 年有所减弱、2021 年有所增强。

（2）分析总资产周转率指标：乙公司 2019—2021 年总资产周转率分别为 1.13 次、1.07 次和 1.08 次，该指标 2020 年有所下降、2021 年有所上升。由此可以看出，乙公司总资产周转速度 2020 年有所下降、2021 年有所上升，总资产营运能力 2020 年有所减弱、2021 年有所增强。

（3）分析权益乘数指标：乙公司 2019—2021 年权益乘数分别为 2.95、2.94 和 2.82，该指标逐年下降，表明乙公司 2019—2021 年资产总额是所有者权益总额的倍数逐年下降，即乙公司 2019—2021 年负债程度逐年下降。但是由于乙公司 2019—2021 年负债程度仍较高，分析人员应进一步关注乙公司财务风险的大小。

（4）分析净资产报酬率指标：乙公司 2019—2021 年净资产报酬率分别为 20.47%、17.02%和 17.69%，该指标 2020 年有所下降、2021 年有所上升。由此可以看出，乙公司投资者投入资本盈利能力 2020 年有所减弱、2021 年有所增强。

（5）分析乙公司综合绩效情况：综上所述，乙公司投资者投入资本盈利能力 2020 年有所减弱、2021 年有所增强。究其原因，主要是乙公司营业净利率和总资产周转率均 2020 年有所下降、2021 年有所上升。即乙公司营业盈利能力和总资产营运能力均 2020 年有所减弱、2021 年有所增强。其中，由表 8-7 中数据可以看出，乙公司 2019—2021 年营业收入逐年增加，而净利润 2020 年有所减少、2021 年有所增加，说明乙公司 2020 年成本费用的增加额超过了营业收入的增加额。因此，分析人员应关注乙公司成本费用增加的原因，从源头上考虑对成本费用的控制。此外，乙公司 2019—2021 年总资产平均余额逐年增加，分析人员可进一步关注总资产结构是否合理。另外，乙公司 2019—2021 年负债程度逐年下降，虽使企业长期偿债能力逐年增强，但不利于企业净资产报酬率的上升。鉴于乙公司 2019—2021 年负债程度仍较高，分析人员应进一步关注乙公司财务风险的大小。

任务二 了解沃尔评分法

任务导入

沃尔评分法是对企业综合财务状况进行评分的方法。它将相互关联的财务指标结合起来，然后通过将其与标准值进行比较，评价企业综合财务状况及企业在市场竞争中的优劣地位。

小王结合甲公司偿债能力、盈利能力、营运能力和发展能力等指标情况，选择适当的财务指标、确定权重及标准值，应用沃尔评分法分析评价甲公司的综合财务状况及其在市场竞争中的优劣地位，并作为经营管理者未来决策的依据。

本任务的知识和技能要求如表 8-9 所示。

表 8-9 知识和技能要求

类 型	具体内容	学习程度		
		了解	理解	应用
知识要求	沃尔评分法的概念	●		
	沃尔评分法的步骤		●	
技能要求	应用沃尔评分法对甲公司进行综合分析			●

班级＿＿＿＿＿＿＿＿ 姓名＿＿＿＿＿＿＿＿ 学号＿＿＿＿＿＿＿＿

任务工单

（一）任务描述

应用沃尔评分法对甲公司综合财务状况进行分析。

（二）任务分工

以 3～5 人为一组进行分组，每组设组长 1 名，小组讨论任务分工并将分工情况填写到表 8-10 中。

表 8-10 小组成员及分工情况

小组成员	姓　名	学　号	任务分工
组长			
组员			

（三）任务准备

在进入具体操作前，请各组长组织组员观看“沃尔评分法相关知识”的预习视频，并收集和整理以下相关资料，进行讨论分析。

沃尔评分法相关知识

（1）什么是沃尔评分法？

（2）沃尔评分法的步骤是什么？

班级________ 姓名________ 学号________

（3）如何选择沃尔评分法中应用的财务指标？

（四）任务实施

（1）甲公司 2021 年部分财务数据情况如表 8-11 所示。依据表 8-11 中的数据，计算甲公司 2021 年沃尔评分法中应用的各个财务指标的实际值、相对值、评分及企业综合评分，并将计算结果填写到表 8-12 中。

表 8-11　甲公司 2021 年部分财务数据情况

单位：万元

项　目	2021 年度	2020 年度
流动资产	22 584 965.22	21 363 298.72
流动负债	19 587 211.79	15 746 558.53
经营活动产生的现金流量净额	150 474.52	866 406.20
营业收入	18 786 887.49	16 819 920.44
营业利润	2 541 626.14	2 405 027.11
净利润	2 157 078.97	2 028 599.55
净资产期初余额	11 279 260.21	11 204 765.65
净资产期末余额	10 517 647.40	11 279 260.21
净资产平均余额	10 898 453.81	11 242 012.93
应收账款期初余额	873 823.09	851 333.45
应收账款期末余额	1 384 089.88	873 823.09
应收账款平均余额	1 128 956.49	862 578.27
总资产期初余额	27 397 645.64	28 297 215.74
总资产期末余额	31 545 553.07	27 397 645.64
总资产平均余额	29 471 599.36	27 847 430.69

班级＿＿＿＿＿＿ 姓名＿＿＿＿＿＿ 学号＿＿＿＿＿＿

表 8-12 甲公司 2021 年沃尔综合评分表

财务指标		权 重/%	标 准 值	实 际 值	相 对 值	评 分/分
类别	名称	①	②	③	④=③÷②	⑤=①×④
偿债能力	流动比率	11	1.42			
	股东权益比率	11	42.18%			
盈利能力	营业净利率	10	8.73%			
	净资产报酬率	14	13.36%			
	盈利现金比率	10	2.02			
营运能力	总资产周转率	10	1.02			
	应收账款周转率	12	14.38			
发展能力	销售增长率	12	24.49%			
	资本保值增值率	10	106.38%			
合计		100	—	—	—	

注：权重是根据分析目的和企业实际情况所设计的水平；标准值是甲公司所属行业的平均水平。

（2）依据表 8-12 中的数据，分析甲公司 2021 年偿债能力、盈利能力、营运能力和发展能力，并应用沃尔评分法对甲公司 2021 年综合财务状况进行分析，然后将分析结论填写到表 8-13 中。

表 8-13 甲公司 2021 年综合财务状况分析结论

分析内容	分析结论
偿债能力	
盈利能力	
营运能力	

班级＿＿＿＿＿＿ 姓名＿＿＿＿＿＿ 学号＿＿＿＿＿＿

（续表）

分析内容	分析结论
发展能力	
综合财务状况	

（五）任务评价

各组派代表展示任务实施成果，并配合指导老师完成表 8-14 所示的任务评价表。

表 8-14 任务评价表

评价项目	评价内容	评价分数			
		分值	自评	组评	师评
职业素养考核目标（40%）	考勤、仪容仪表	10 分			
	责任意识、纪律意识	10 分			
	团队合作与交流	20 分			
专业能力考核目标（60%）	任务准备过程记录及讨论的完成度	20 分			
	任务实施过程记录的完成度	20 分			
	任务实施成果的展示效果	20 分			
合计	综合分数＿＿＿ 自评（25%）+组评（25%）+师评（50%）	100 分			
	综合等级＿＿＿	指导老师签字＿＿＿＿＿＿			
综合评价					

一、什么是沃尔评分法

沃尔评分法又称综合评分法，它是选择若干财务指标，分别给定其在总评分中的分数比重，并通过将各个财务指标的实际值与标准值进行对比，确定各个指标的评分及总体指标的综合评分，从而对企业的信用水平乃至企业整个财务状况进行综合评价的方法。

知识拓展

沃尔评分法的雏形

1928 年，亚历山大 • 沃尔在其出版的《财务报表比率分析》和《信用晴雨表研究》中提出了信用能力指数的概念，并以此来评价企业的信用水平。亚历山大 • 沃尔选择了七个财务指标，分别给定各个指标在 100 分的总分中所占的分数，即权重，然后确定各个指标的标准值，并用各个指标的实际值与标准值相除得到的相对值乘以权重，计算出各个指标的评分，最后将七个指标的评分加总得到总分，即信用能力指数，这就是沃尔评分法的雏形。

某企业的沃尔综合评分表如表 8-15 所示。

表 8-15　某企业的沃尔综合评分表

财务指标	权　重/%	标 准 值	实 际 值	相 对 值	评　分/分
	①	②	③	④=③÷②	⑤=①×④
流动资产/流动负债	25	2.00	1.66	0.83	20.75
负债总额/净资产	25	150.21%	168.93%	1.12	28.00
固定资产/总资产	15	45.36%	53.28%	1.17	17.55
销售成本/存货	10	8.00	9.94	1.24	12.40
销售收入/应收账款	10	6.00	8.61	1.44	14.40
销售收入/固定资产	10	4.00	2.55	0.64	6.40
销售收入/净资产	5	3.00	1.40	0.47	2.35
合计	100	—	—	—	101.85

原始的沃尔评分法为综合评价企业的财务状况提供了一种新的思路，但它在理论上存在一定的缺陷：① 它未能说明选择这七个指标的理由；② 它未能证明各个指标所占权重的合理性；③ 它未能说明各个指标的标准值是如何确定的。

二、沃尔评分法的步骤

尽管原始的沃尔评分法存在着一定的缺陷，但是它在实践中仍被广泛应用并得到不断改进和发展。在社会发展的不同阶段和不同环境，人们应用沃尔评分法时所选择的财务指标不断地变化，各个指标的权重不断地修正，各个指标的标准值不断地调整，评分方法不断地改进，但是沃尔评分法的基本思路始终没有改变，其应用的基本步骤也没有发生大的变化。

（一）选择财务指标

由于分析目的不同，分析人员选择的财务指标可能存在差异。但在选择财务指标时应注意以下原则：① 所选择的指标要具有全面性，应包括偿债能力、盈利能力、营运能力和发展能力各个方面，这样才能反映企业的综合财务状况；② 所选择的指标要具有代表性，即在每个财务能力的众多财务指标中要选择那些典型的、重要的指标。

（二）确定各个财务指标的比重

如何将 100 分的总分合理地分配给所选择的各个财务指标，是沃尔评分法中的一个重要环节。分配的标准是依据各个指标的重要程度，越重要的指标分配的权重越高。

提　示

对各个指标重要程度的判断，应结合企业的行业特点、经营状况、管理要求、发展趋势及分析人员的分析目的等具体情况而定。

（三）确定各个财务指标的标准值

财务指标的标准值是判断财务指标高低的比较标准。这个比较标准可以是企业的历史水平，可以是竞争企业的水平，也可以是同行业的平均水平等。其中，最常用的是同行业的平均水平。

（四）计算各个财务指标的实际值

利用相关的财务数据计算企业各个财务指标的实际值。

（五）计算各个财务指标的评分及企业综合评分

通过各个财务指标实际值与标准值的比较，得出各个财务指标状况好坏的判断，再结合各个指标的权重，计算各个财务指标的评分，其计算公式为

$$\text{各个财务指标的评分} = \text{各个财务指标的权重} \times \frac{\text{指标的实际值}}{\text{标准值}} \tag{8-5}$$

将各个财务指标的评分加总，即为企业的综合评分，其计算公式为

$$\text{综合评分} = \sum \text{各个财务指标的评分} \tag{8-6}$$

（六）进行综合分析

企业综合评分反映企业综合财务状况，一般而言，企业综合评分越高，表明企业的综合财务状况越好。沃尔评分法的评价原则：① 企业的综合评分接近 100 分，表明企业的综合财务状况接近于比较标准的水平；② 企业的综合评分明显超过 100 分，表明企业的综合财务状况优于比较标准的水平；③ 企业的综合评分远远低于 100 分，表明企业的综合财务状况劣于比较标准的水平，应当积极采取措施加以改善。

知识拓展

中央企业综合绩效评价实施细则

2006 年 9 月 12 日，为规范开展中央企业综合绩效评价工作，有效发挥综合绩效评价工作的评判、引导和诊断作用，推动企业提高经营管理水平，根据《中央企业综合绩效评价管理暂行办法》，国务院国有资产监督管理委员会印发了《中央企业综合绩效评价实施细则》。

《中央企业综合绩效评价实施细则》中确定的企业综合绩效评价指标由 22 个财务绩效定量评价指标和 8 个管理绩效定性评价指标构成，具体如表 8-16 所示。

表 8-16 企业综合绩效评价指标及权重

<table>
<tr><th colspan="2" rowspan="2">评价内容与权重</th><th colspan="4">财务绩效（70%）</th><th colspan="2">管理绩效（30%）</th></tr>
<tr><th>基本指标</th><th>权重</th><th>修正指标</th><th>权重</th><th>评议指标</th><th>权重</th></tr>
<tr><td>盈利能力状况</td><td>34</td><td>净资产收益率
总资产报酬率</td><td>20
14</td><td>销售（营业）利润率
盈余现金保障倍数
成本费用利润率
资本收益率</td><td>10
9
8
7</td><td rowspan="4">战略管理
发展创新
经营决策
风险控制
基础管理
人力资源
行业影响
社会贡献</td><td rowspan="4">18
15
16
13
14
8
8
8</td></tr>
<tr><td>资产质量状况</td><td>22</td><td>总资产周转率
应收账款周转率</td><td>10
12</td><td>不良资产比率
流动资产周转率
资产现金回收率</td><td>9
7
6</td></tr>
<tr><td>债务风险状况</td><td>22</td><td>资产负债率
已获利息倍数</td><td>12
10</td><td>速动比率
现金流动负债比率
带息负债比率
或有负债比率</td><td>6
6
5
5</td></tr>
<tr><td>经营增长状况</td><td>22</td><td>销售（营业）增长率
资本保值增值率</td><td>12
10</td><td>销售（营业）利润增长率
总资产增长率
技术投入比率</td><td>10
7
5</td></tr>
<tr><td>合计</td><td>100</td><td>—</td><td>100</td><td>—</td><td>100</td><td>—</td><td>100</td></tr>
</table>

任务拓展 应用沃尔评分法对乙公司进行综合分析

步骤 1 乙公司 2021 年部分财务数据情况如表 8-17 所示。依据表 8-17 中的数据，计算乙公司 2021 年沃尔评分法中应用的各个财务指标的实际值、相对值、评分及企业综合评分，并将计算结果填写到表 8-18 中。

以 2021 年“流动比率”为例，计算过程如下。

$$2021\text{年流动比率实际值}=\frac{12\ 360\ 777.70}{12\ 479\ 695.44}\approx 0.99$$

$$2021\text{年流动比率相对值}=\frac{0.99}{1.42}\approx 0.70$$

$$2021\text{年流动比率评分}=11\times 0.70=7.70\text{（分）}$$

表 8-17　乙公司 2021 年部分财务数据情况

单位：万元

项　目	2021 年度	2020 年度
流动资产	12 360 777.70	11 425 589.57
流动负债	12 479 695.44	10 941 042.06
经营活动产生的现金流量净额	2 312 964.04	1 760 951.38
营业收入	22 755 614.36	20 972 343.01
营业利润	1 587 647.79	1 360 625.14
净利润	1 321 706.70	1 134 145.22
净资产期初余额	6 813 211.03	6 498 986.03
净资产期末余额	8 108 296.15	6 813 211.03
净资产平均余额	7 460 753.59	6 656 098.53
应收账款期初余额	1 593 002.43	1 101 587.11
应收账款期末余额	1 463 101.84	1 593 002.43
应收账款平均余额	1 528 052.14	1 347 294.77
总资产期初余额	20 349 816.95	18 745 423.63
总资产期末余额	21 745 949.42	20 349 816.95
总资产平均余额	21 047 883.19	19 547 620.29

表 8-18 乙公司 2021 年沃尔综合评分表

财务指标		权 重/%	标 准 值	实 际 值	相 对 值	评 分/分
类别	名称	①	②	③	④=③÷②	⑤=①×④
偿债能力	流动比率	11	1.42	0.99	0.70	7.70
	股东权益比率	11	42.18%	37.29%	0.88	9.68
盈利能力	营业净利率	10	8.73%	5.81%	0.67	6.70
	净资产报酬率	14	13.36%	17.72%	1.33	18.62
	盈利现金比率	10	2.02	1.75	0.87	8.70
营运能力	总资产周转率	10	1.02	1.08	1.06	10.60
	应收账款周转率	12	14.38	14.89	1.04	12.48
发展能力	销售增长率	12	24.49%	8.50%	0.35	4.20
	资本保值增值率	10	106.38%	119.01%	1.12	11.20
合计		100	—	—	—	89.88

注：权重是根据分析目的和企业实际情况所设计的水平；标准值是乙公司所属行业的平均水平。

步骤 2 依据表 8-18 中的数据，应用沃尔评分法分析乙公司 2021 年的综合财务状况。

（1）分析偿债能力情况：乙公司 2021 年流动比率实际值为 0.99，低于标准值；股东权益比率实际值为 37.29%，低于标准值。由此可以看出，乙公司 2021 年偿债能力弱于行业平均水平。

（2）分析盈利能力情况：乙公司 2021 年营业净利率实际值为 5.81%，低于标准值；净资产报酬率实际值为 17.72%，高于标准值；盈利现金比率实际值为 1.75，低于标准值。由此可以看出，乙公司 2021 年营业盈利能力弱于行业平均水平、资本盈利能力强于行业平均水平，从现金流量角度判断乙公司 2021 年盈利质量劣于行业平均水平。

（3）分析营运能力情况：乙公司 2021 年总资产周转率实际值为 1.08 次，略高于标准值；应收账款周转率实际值为 14.89 次，略高于标准值。由此可以看出，乙公司 2021 年营运能力略强于行业平均水平。

（4）分析发展能力情况：乙公司 2021 年销售增长率实际值为 8.50%，低于标准值；资本保值增值率实际值为 119.01%，高于标准值。由此可以看出，乙公司 2021 年营业增长能力弱于行业平均水平、资本增长能力强于行业平均水平。

（5）分析乙公司综合财务状况：乙公司 2021 年综合评分为 89.88 分，低于 100 分，表明乙公司 2021 年综合财务状况劣于行业平均水平，乙公司应积极采取措施加以改善。从上述分析可以看出，乙公司应提高偿债能力、营业盈利能力和营业增长能力，并从现金流量角度改善企业盈利质量。

素养之窗

当前，我国经济快速发展，尤其是在人工智能、大数据、云计算等技术快速发展的背景下，财务报表分析方法体系也不断演变与创新，企业对会计工作者的要求也越来越高。

2022年12月30日，全国会计管理工作会议暨全国先进会计工作者表彰大会在北京以线上线下相结合的方式召开。会议宣布授予100名同志“全国先进会计工作者”的荣誉称号。

“全国先进会计工作者”是我国会计行业的最高荣誉，其评选表彰工作每三年举行一次，由财政部负责组织评选，旨在表彰一批忠于职守、坚持原则、作出突出业绩和重大贡献的优秀会计工作者，树立新时代会计工作者楷模，塑造会计行业良好形象，激励会计工作者崇尚诚信、勤奋敬业、为经济社会发展作出更大贡献。

作为会计专业学子，要牢记爱岗敬业、诚实守信、廉洁自律、客观公正、坚持准则、提高技能、参与管理、强化服务的会计职业道德内容，争做优秀的会计工作者。

班级__________ 姓名__________ 学号__________

项目实训

（一）实训要求

应用沃尔评分法对 W 公司进行综合分析。

（二）实训内容

（1）W 公司 2022 年沃尔综合评分表如表 8-19 所示。计算各个指标的相对值、评分及企业综合评分，并将计算结果填写到表 8-19 中。

表 8-19 W 公司 2022 年沃尔综合评分表

财务指标		权 重/%	标 准 值	实 际 值	相 对 值	评 分/分
类别	名称	①	②	③	④=③÷②	⑤=①×④
偿债能力	流动比率	11	1.82	2.12		
	股东权益比率	11	48.14%	50.10%		
盈利能力	营业净利率	10	18.75%	15.37%		
	净资产报酬率	14	23.30%	16.64%		
	盈利现金比率	10	2.04	1.89		
营运能力	总资产周转率	10	1.22	1.42		
	应收账款周转率	12	10.31	14.85		
发展能力	销售增长率	12	20.39%	18.60%		
	资本保值增值率	10	105.08%	116.38%		
合计		100	—	—	—	

注：权重是根据分析目的和企业实际情况所设计的水平；标准值是 W 公司所属行业的平均水平。

（2）依据表 8-19 中的数据，应用沃尔评分法对 W 公司 2022 年综合财务状况进行分析。

班级____________ 姓名____________ 学号____________

项目考核

（一）单项选择题

（1）提高净资产报酬率的途径不包括（ ）。

A．加强销售管理，提高营业净利润

B．加强资产管理，提高其利用率和周转率

C．加强负债管理，降低资产负债率

D．加强负债管理，提高产权比率

（2）（ ）是杜邦分析体系的核心。

A．净资产报酬率　　B．营业净利率

C．总资产周转率　　D．权益乘数

（3）净资产报酬率可分解为三个因素的乘积，三个因素中不包括（ ）。

A．资产负债率　　B．营业净利率

C．总资产周转率　　D．权益乘数

（4）在企业财务风险可控的前提下，企业可以适度（ ）负债程度、合理安排资本结构，以便提高企业净资产报酬率。

A．降低　　B．提高　　C．不确定　　D．不变

（二）多项选择题

（1）下列分析方法中，属于财务报表综合分析方法的有（ ）。

A．因素分析法　　B．沃尔评分法

C．杜邦分析法　　D．比较分析法

（2）下列各项中，可能直接影响企业净资产报酬率指标的措施有（ ）。

A．提高营业净利率　　B．提高资产负债率

C．提高总资产周转率　　D．提高流动比率

（3）原始的沃尔评分法理论上存在的缺陷有（ ）。

A．未能说明选择应用的七个指标的理由

B．未能证明各个指标所占权重的合理性

C．未能说明各个指标的标准值是如何确定的

D．未能提供具体的分析方法

（4）应用沃尔评分法，在选择财务指标时应注意的原则有（ ）。

A．所选择的指标要具有全面性　　B．所选择的指标要具有代表性

C．任意选择指标　　D．所选择的指标要具有唯一性

班级______________ 姓名______________ 学号______________

（三）判断题

（1）在其他条件不变的情况下，权益乘数越大，净资产报酬率越高。（ ）

（2）提高营业净利率的途径有增加营业收入、降低成本费用。（ ）

（3）应用沃尔评分法，企业的综合评分明显超过 100 分，表明企业的综合财务状况劣于行业的平均水平。（ ）

（4）应用沃尔评分法，不同分析人员选择的财务指标必须一致。（ ）

（四）思考题

（1）杜邦分析法的局限性有哪些？

（2）简述沃尔评分法的步骤。

（五）计算分析题

V 公司及其所属行业部分财务指标如表 8-20 所示。

表 8-20 V 公司及其所属行业部分财务指标

财务指标	同行业平均水平	V 公司	
		2022 年度	2021 年度
应收账款周转天数/天	30.50	36.80	36.20
存货周转率/次	3.50	2.59	2.11
营业毛利率/%	38.30	40.60	39.90
营业净利率/%	6.27	7.20	6.81
总资产周转率/次	1.34	1.11	1.07
固定资产周转率/次	1.40	2.02	1.82
资产负债率/%	58.00	50.00	61.30
已获利息倍数	2.68	4.50	2.78

班级____________ 姓名____________ 学号____________

要求：（1）应用杜邦分析法，计算 2022 年 V 公司及其所属行业的净资产报酬率，并简单分析两者的差异及原因。

（2）利用连环替代法分析 V 公司营业净利率、总资产周转率和权益乘数变动对净资产报酬率的影响。

参考文献

[1] 张新民，钱爱民．财务报表分析［M］．第6版．北京：中国人民大学出版社，2023．

[2] 王娜．财务报表分析［M］．第4版．北京：中国人民大学出版社，2022．

[3] 王淑萍，王思武．财务报告分析［M］．第5版．北京：清华大学出版社，2021．

[4] 续芹．财务报表分析：理论、方法与案例：微课版［M］．北京：人民邮电出版社，2021．